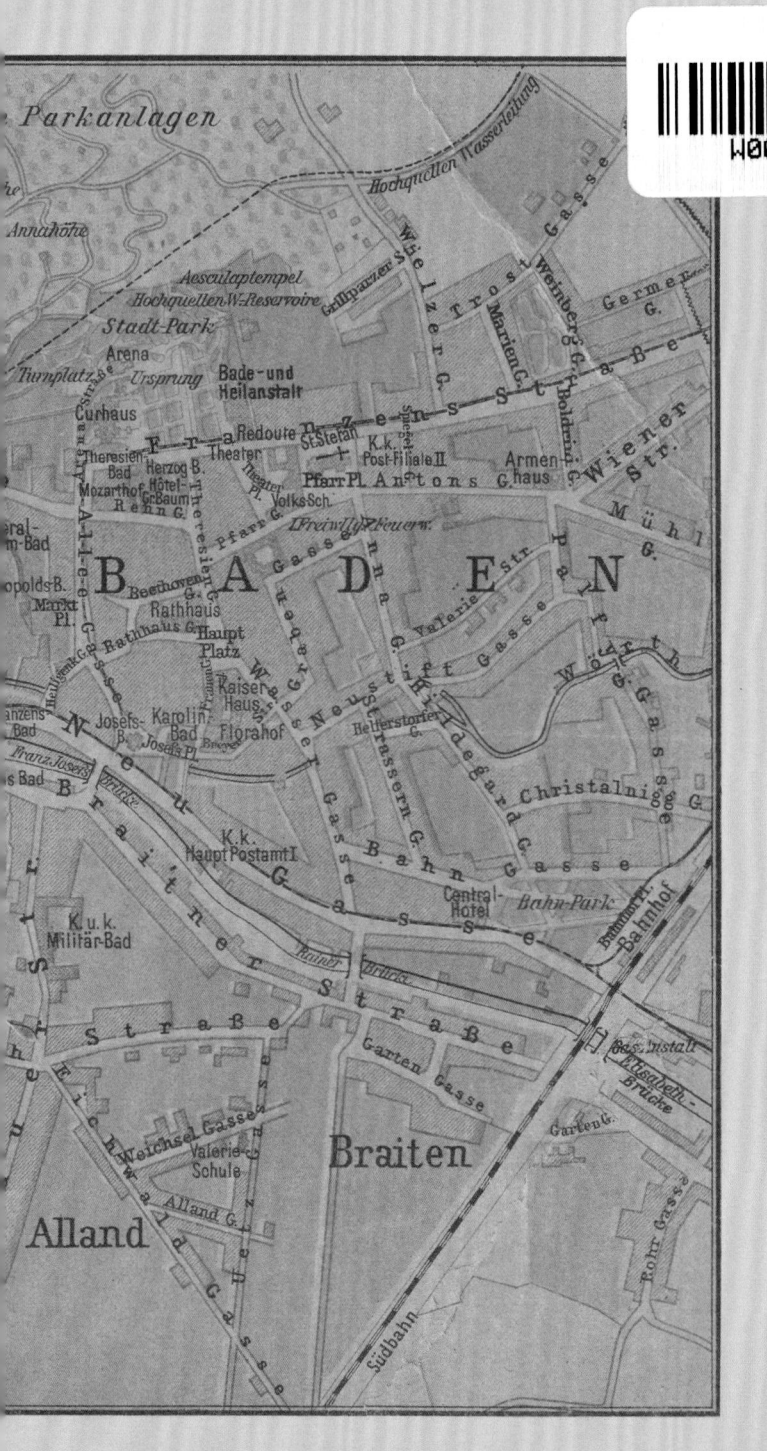

Gabriele Hasmann / Alexander Blümel
Mord in der Kurstadt

Gabriele Hasmann / Alexander Blümel

MORD IN DER KURSTADT

GENESUNG AUSGESCHLOSSEN

Historische Verbrechen
in Baden im 19. und
20. Jahrhundert

KRAL
VERLAG

Laß Dein Sehnen, armes Herz,
Ruhe gibt es nicht hienieden;
Erst nach langem Kampf und Schmerz,
Findest Du im Grabe Frieden.

Heinrich Martin (1818–1872)
Pseudonym für Heinrich Martin Jaenicke
dt. Schriftsteller

Vorwort

Raub, Mord und Totschlag, meist aus Habgier, Neid, Hass oder Eifersucht, gab es zu jeder Zeit. Auch in Baden trieben es die Schurken von jeher bunt und wurden für gar garstige Verbrechen bis 1466 am Galgen auf dem Hühnerberg (heute Standort der Theresienwarte) gehenkt. Den hat die Stadt allerdings so gut wie nie in Betrieb genommen, da er sich zu weit außerhalb befand und der Weg dorthin mit Kutschen, Rössern, Schurken und Schaulustigen im Schlepptau recht beschwerlich war. Die schon bald stattdessen errichtete und weit häufiger genutzte Richtstätte befand sich »am Ziegelstadel« vor der heutigen Martinek-Kaserne (daran erinnert eine im Jahr 1600 errichtete Steinsäule auf der Höhe des Hauses Vöslauer Straße 104). Etwa zur selben Zeit, genauer ab 1502, leistete sich Baden den Luxus eines eigenen Henkers, der 1529 aus Kostenersparnisgründen allerdings wieder abgeschafft wurde – so viele Schurken und Exekutionen gab es dann doch nicht. Ein Richter ist übrigens erstmals 1337 in den Annalen vermerkt.

Es wurde in der Kurstadt schon früh der gewollte Eindruck gepflegt, dass man sich hier nobler Ruhe sicher sein kann, gepaart mit körperlicher und seelischer Gesundheit der Besucher und Bewohner. Doch dass es sich um einen Hort ungetrübten Glücks und uneingeschränkter Harmonie gehandelt hätte, entsprach und entspricht nicht der Lebenswirklichkeit. Auch in dem idyllisch gelegenen Thermenort nahe Wien gab und gibt es, wie an so gut jedem anderen Platz der Erde auch, Menschen mit verschiedensten Sorgen und Problemen – aus diesem Grund waren viele der grausamen Tötungen, die sich in der Vergangenheit in Baden abspielten, Beziehungskrisen und finanziellen Nöten geschuldet; bis heute die am häufigsten genannten Auslöser für Verbrechen, in welchen es um Leib und Leben geht.

Später ließen allerdings auch die großen Ereignisse, die ganz Österreich, ja fast ganz Europa, so massiv betroffen haben, nämlich die

Zeit der beiden Weltkriege, auch andere Gewaltmotive verstärkt an den Tag treten. Die vielen Kriegsheimkehrer nach dem Zusammenbruch der großen Monarchie, die keine Existenz und Arbeit mehr hatten, gaben sich oft dem Alkohol hin. Oder es kam aufgrund der großen Not zu Raubmorden …

So hat jede Zeit ihre Gewaltspezifika. Und auch das schöne Baden blieb hiervon nicht verschont.

Aber schon viel früher, nämlich im Jahr 1906, setzten diverse Wiener Blätter passend zum Thema über den Bericht einer neuerlichen Bluttat die Überschrift: *Schon wieder ein Mord in Baden!*

Das jedoch erzürnte die Lokalpresse, die daraufhin schrieb: *Als ob unser schöner Kurort eine Mördergrube wäre […] hier müssen wir das Vorgehen der Residenzpresse brandmarken, hier wollen wir den Vorzug einer geachteten Provinzpresse hervorheben, die es, gottlob, nicht nötig hat, mit solchen Sensationsartikeln ihre Leser zu bewirten!* *[…] Es würde uns nicht wundern, wenn das »Lesepublikum« endlich doch beweist, […] dass es überhaupt mit eklen Geschehnissen nicht gefüttert werden mag.*

Doch! Das Lesepublikum will mit den »eklen Geschehnissen« gefüttert werden, wie stetig steigende Absatzzahlen von Werken, die sich mit True Crime beschäftigen, beweisen.

Anmerkungen:

Auch wenn uns als Autoren sämtliche Details bekannt sind, haben wir bei Fällen ab dem Jahr 1950 Täter und Opfer aus Rücksicht auf die Hinterbliebenen anonymisiert – einmal auch in der Zeit davor, da uns eine Nachfahrin der/des Betroffenen mit Klage gedroht hat.

Vergeblich sucht man in unserem Buch das Tötungsdelikt vom 28. März 2001, bei dem Oliver P. seine Eltern im Schlaf erschlagen und erstochen hat. Dieser Mord an dem Lehrerehepaar, wohnhaft in der Brandlgasse, ist den meisten Bewohnern von Baden ohnehin noch lebhaft im Gedächtnis.

Vielmehr haben wir uns vorwiegend auf jene Fälle konzentriert, die in der Historie der Stadt schon länger zurückliegen oder von den Medien fast stiefmütterlich behandelt wurden, bei welchen die Opfer aber ebenfalls nicht in Vergessenheit geraten sollen.

Last, but not least: Findet sich im Text eine direkte Rede, handelt es sich um eine sinngemäße Wiedergabe laut Originalbelegen.

Und jetzt bleibt uns noch, Ihnen spannende Stunden beim Lesen dieses Buches zu wünschen!

Gabriele Hasmann & Alexander Blümel

Inhalt

Wo einst jemand zu Tode gebracht wurde, kümmert man
sich heute darum, Menschen ein möglichst gesundes
Leben zu ermöglichen – die Bezirksstelle der Österreichischen Gesundheitskasse (Vöslauer Straße 14).

DER ERMORDETE OBERLEUTNANT

(1865)

Am Morgen des 5. Dezembers im Jahr 1865 wurde der 50-jährige Kommandant des Militärspitals und Badehauses in der Vöslauer Straße 14 (heute Bezirksstelle der Österreichischen Gesundheitskasse), k. k. Oberleutnant Johann Kaiser, mit durchschnittener Kehle aufgefunden. Das Opfer, das auf seiner Dienststelle für den Bereich Geldmanipulation verantwortlich war, lag »im Blute schwimmend« in seinem Bett. Sein Hals war mit Messerstichen durchbohrt worden, Kopf und Gesicht wiesen tiefe Schnittwunden auf. Es fehlten zahlreiche Effekten und Pretiosen aus dem Besitz des Mannes, was sofort zu der Annahme führte, dass es sich um einen Raubmord handelte. Die These wurde untermauert von der Tatsache, dass erst wenige Wochen zuvor Unbekannte ebenfalls einen Diebstahl in dem Gebäude verübt hatten.

Johann Kaiser galt allgemein als sehr umgängliche Person und erfreute sich großer Beliebtheit, was dieses Verbrechen umso tragischer erscheinen ließ.

Am 9. Dezember listete die Zeitung »Ost-Deutsche Post« bereits die aus dem Schlafzimmer des Ermordeten verschwundenen Wertgegenstände auf: ein Portemonnaie aus rotem Leder mit unbekanntem Inhalt, eine Zylinderuhr samt goldener Kette sowie ein Schlüssel zum Zimmer Nr. 95 im Badehaus, wobei die Nummer unter dem Griff eingraviert war.

Nach einigen Recherchen kam der Verdacht auf, dass es sich bei dem Täter um den 50-jährigen Badener Anton Lichtenecker (in einigen Quellen auch Lichtenegger und Lichtenöcker) handelte, einen dem k. k. Bezirksamt Baden zugeteilten Polizei-Agenten.

Zur Person des Mannes (Beschreibung in der »Oedenburger Zeitung« in ihrer Ausgabe vom 31. Mai 1941): Er diente bei der royalen Armee, die in den 1840er- und 1850er-Jahren in Oberitalien stand, zu der Zeit noch eine Provinz des Kaiserstaates Österreich. Als junger Soldat erwarb er sich in der Schlacht bei Novara eine silberne Tapferkeitsmedaille und wurde Unteroffizier. Nach insgesamt 15-jähriger Dienstzeit trat er als Wachmeister, abwertend auch »Wams« (= Spitzel) genannt, der Polizei von Baden bei und bezog eine Wohnung in der Alleegasse 110, im rechten Parterre. Den Beruf übte er rund zehn Jahre lang aus, bevor man ihm nach zahlreichen Verdächtigungen, an diversen Untaten beteiligt zu sein, Ende 1868 eine Kündigung nahelegte. *Lichtenecker war ein Hüne von Gestalt und hatte bärenstarke Körperkräfte.* Das Merkwürdige an ihm waren aber seine großen schwarzen Augen, die alles zu durchdringen schienen. Wenn er mutmaßliche Übeltäter beim Verhör mit seinem stechenden Blick durchbohrte, gestand jeder sofort. Er konnte in die Seele der Verbrecher sehen, behauptete man, und es sei eine Tatsache, dass sich während seiner Amtszeit ein starker Rückgang der Kriminalität in Baden verzeichnen ließ. *Lichtenecker war unverheiratet, mäßig im Trinken und Rauchen, spielte weder Karten noch sonstige Glücksspiele. Seine einzige Schwäche war das ewig Weibliche, und da er [...] ein sogenannter schöner Mann war, hatte er auch Glück bei den Frauen, was er reichlich ausnützte.*

Bei den braven Badener Bürgern wie auch bei den Gaunern war Anton Lichtenecker gleichermaßen angesehen wie gefürchtet. Allerdings wurden schon bald Gerüchte laut, die besagten, dass der Wachmann auf über seine Verhältnisse großem Fuß lebte. Es hieß, er machte mit zwielichtigen Personen Geschäfte und sein Job diente ihm nur als Deckmantel. Besonders seltsam schien allerdings der

Umstand, dass seine Vorgesetzten, die auch von seiner Vergangenheit wussten – er war früher einmal wegen Betrugs zwei Jahre in der Strafanstalt Stein inhaftiert gewesen –, stets zu ihm hielten. Und das, obwohl man sich wegen Ungerechtigkeit oder Grobheit mehrfach über ihn beklagte.

Zwei Jahre nach Dienstantritt bei der Badener Polizei wurde im Wald bei Sooß ein Mädchen erdrosselt aufgefunden, wie die »Oedenburger Zeitung« weiter berichtete. Elf Monate später lag eine weitere junge Frau, die im vierten Monat schwanger gewesen war, erwürgt hinter der Ruine Rauhenstein. Lichtenecker, der das zweite Opfer kannte und ihm den Hof gemacht hatte, sollte gemeinsam mit einem Detektiv aus Wiener Neustadt die Morde aufklären, was allerdings nicht gelang. Er rückte zu keiner Zeit selbst in den Mittelpunkt der polizeilichen Untersuchungen, auch wenn bei den Einwohnern der Kurstadt immer öfter Stimmen gegen ihn laut wurden.

Auch bei der Ermordung von Oberleutnant Johann Kaiser gelang es ihm in der Folge, jeden Verdacht von sich zu lenken und ungestraft davonzukommen – und das trotz eindeutiger Indizien, wie die Zeitung »Neues Wiener Tagblatt« in ihrer Ausgabe vom 28. April 1868 (in den Tagen, in denen Lichtenecker erneut eines Verbrechens beschuldigt wurde) wiederholt berichtete: *Eines Tages saßen im Offizierscasino zu Baden mehrere Offiziere mit einem pensionierten Oberlieutenant an einem Tische; als Lichtenegger herantrat und die Nachricht brachte, dass Oberlieutenant Kaiser in seiner Wohnung ermordet worden sei. Tief ergriffen und entsetzt fuhr Alles empor und die Herren eilten sofort an den Ort der That. Sie erstaunten aber nicht wenig, als hier Niemand von einem geschehenen Morde etwas wissen wollte, ja selbst die nächsten Nachbarn Kaiser's hatten von dem Geschehenen nichts gehört und, was am Auffälligsten erschien, die Thür zur Wohnung Kaiser's war versperrt. Da Lichtenegger nähere Umstände der Ermordung angegeben hatte, ja sogar auch zu erzählen wußte, daß Kaiser seines ganzen Vermögens beraubt worden sei, wurde auf Veranlassung des Oberlieutenants, und zwar um der Sache auf den*

Grund zu kommen, die Thüre durch einen Schlosser eröffnet und siehe da – Lichtenegger war vortrefflich unterrichtet, Oberlieutenant Kaiser lag wirklich todt auf dem Boden.

Es kam umgehend zur Anzeige und Inhaftierung Lichteneckers beim Kreisgericht Wiener Neustadt. Der Verdächtige wurde beschuldigt, sich unbemerkt Zutritt zur Bleibe des Oberleutnants verschafft, diesen ausgeraubt und getötet zu haben.

In der Verhandlung sagte ein Zeuge aus, er habe den Amtsdiener nach der Tat aus dem Gebäude eilen sehen, getarnt mit einem falschen Bart. Diesen habe er zu einer polizeilichen Verfolgung just in dieser Nacht an diesem Ort tragen müssen, entkräftete der Wachmann die Angabe. Zudem kam im Prozess ans Tageslicht, dass Lichtenecker nach Kaisers Ermordung plötzlich seine gesamten Schulden bezahlt hatte, was er mit einem Lotteriegewinn erklärte. Die Bevölkerung kritisierte, dass nicht einmal eine Hausdurchsuchung bei dem Verdächtigen durchgeführt wurde – die Justiz schien kein gesteigertes Interesse daran zu haben, dem Polizei-Agenten die Tat nachzuweisen.

Da die Beweise gegen den Zivilwachmann fehlten, setzte man ihn auf freien Fuß und schob ihn zur k. k. Polizeidirektion in Wien ab – dabei wäre in Baden eine Stelle frei gewesen, da Lichteneckers Nachfolger wegen Wechselfälschung den Posten schon wieder hatte aufgeben müssen.

Zur Überraschung der Badener Bevölkerung wurden bald darauf zwei Oberwärter des Spitals im Fall Kaiser verhaftet, die vehement ihre Unschuld beteuerten und schon bald nach ihrer Einkerkerung verstarben.

In jener Zeit erzählte man sich in Baden folgende Geschichte: Nachdem ans Tageslicht gekommen war, dass man nach der Ermordung des Oberleutnants Kaiser einen verkleideten Mann vom Tatort weggehen gesehen hatte, drehte Lichtenecker den auf sich gerichteten Spieß einfach um und sagte vor Gericht aus, diesen Mann mit dem falschen Bart selbst gesehen und in ihm einen ihm bekannten pensionierten Major erkannt zu haben. Da dieser zur Tatzeit aber kränklich im Bett lag, war diese Aussage des Wachmanns ohne jede Relevanz.

Über zwei Jahre später – genauer am 23. April 1868 – behauptete die wegen Mordes an der Doktorsgattin Magdalena Treu angeklagte 46-jährige Badenerin Elisabeth Nagel, Ehefrau eines Lohnfuhr-Inhabers, Anton Lichtenecker wäre ihr Komplize bei besagtem Verbrechen gewesen. Zusammen hätten sie die Frau im Haus Liesingergasse 94 in Wien Mauer erschlagen und die Leiche im Keller verscharrt. Magdalena Treu war seit 7. März 1863 abgängig gewesen, nachdem man sie zuletzt mit einem Mann in einer Kutsche fortfahren gesehen hatte – das berichtet das »Fremden-Blatt« in seiner Ausgabe vom 14. September 1864. Die umfangreiche Personensuche wurde im September 1864 eingestellt und das Wohnhaus der Frau in neue Hände übergeben. Als der Besitzer den Keller planieren lassen wollte, entdeckte er dort einen Sandhaufen, den er beseitigen ließ. Die Arbeiter, die zu graben begonnen hatten, stießen bereits nach den ersten Spatenstichen auf einen menschlichen Fuß und fanden so eine Tote mit klaffender Kopfwunde, in gut erhaltenem Zustand, vollständig bekleidet, in einen Teppich eingerollt. *Die Leiche lag kaum einen Schuh tief, ganz zusammengekauert, und dürfte am wahrscheinlichsten in die Grube hineingestampft worden sein.* Über Magdalena Treu selbst schrieb die Zeitung: *Von Gestalt war sie klein, untersetzt, hatte braunes Haar, Augen von gleicher Farbe, eine Stumpfnase und vortretendes Kinn. […] Sie führte seit Jahren in ihrem Hause ein abgeschiedenes Leben von Bizarrerie und Eigenthümlichkeiten.* Und so hat folgender Fakt die Nachbarn der Mörderin, die von der Polizei schon bald ausgeforscht und dingfest gemacht werden konnte, kaum verstört … auch wenn er Außenstehenden reichlich seltsam anmutete: dass der Zopf der Frau, den man ihr offenbar vor der Tötung abgehackt hatte, erst nach der Entdeckung ihres Leichnams in den Wurzeln des Baumstumpfes gefunden wurde, *der damals wie heute den Bewohnern des Hauses Nr. 94 als Holzbock Dienste leistet.*

Elisabeth Nagel beschuldigte in ihrer Verhandlung Anton Lichtenecker nicht nur der Mittäterschaft, sondern behauptete zudem: »Das ist nicht sein erster Mord. Den an Oberleutnant Kaiser hat er mir selbst gestanden!«

Der Badener Wachmann, mit dieser Beschuldigung konfrontiert, erklärte, dass er »die Nagel« nicht kannte und sie verrückt wäre. Allerdings widersprach er sich hierbei selbst, da er zuvor verbreiten hatte lassen, dass er tatkräftig daran beteiligt gewesen war, die Frau in Baden des Diebstahls zu überführen und zu verhaften.

Um den mutmaßlichen Täter in die Falle zu locken, lud man ihn am 25. April zur Schlussverhandlung gegen eine Angeklagte, bei deren Überführung der Polizei-Agent ebenfalls mitgeholfen hatte, ins Landesgericht Wien vor. Dort bat ihn der Untersuchungsrichter in sein Büro, um »ein kleines Protokoll« mit ihm aufzunehmen. Als die ebenfalls anwesende Elisabeth Nagel dazukam, zeigte sie mit dem Finger auf Lichtenecker und rief in breitem Wiener Dialekt: »Verstell dich nit, es nutzt nix, ich hab schon alles angegeben!« Anton Lichtenecker konterte, dass die Frau sich an ihm rächen wollte, weil er bei ihrer Arretierung mitgeholfen hätte. Diesen nun offiziell in der obersten Strafbehörde wiederholten Widerspruch – weil der Mann ja zuvor behauptet hatte, die Mörderin nicht zu kennen – sah man als ausreichendes Indiz an und verhaftete ihn. Nach einigen weiteren Gerichtsverhandlungen wurde der Badener Wachmann allerdings in allen Fällen aus Mangel an Beweisen freigesprochen.

Zwei weitere Jahre später entdeckten Spaziergänger wieder ein erdrosseltes schwangeres Mädchen, dieses Mal im Eichenwald, der sich bis 1920 an der Stadtgrenze Badens am nördlichen Teil des Harterbergs befand – dort, wo heute der süffige Badener Wein wächst. Das berichtete die »Oedenburger Zeitung« in ihrer Ausgabe vom 31. Mai 1941. Einem Bericht in einer Wiener Zeitung zufolge meldeten sich zwei Handwerksburschen bei der Polizei, die angaben, dass sie im Zuge einer Wanderung zur Tatzeit in dem Eichwald übernachtet hätten. Dabei wäre ihnen ein sich durchs

Gehölz pirschender riesiger Kerl aufgefallen. Der helle Vollmond in jener Nacht ermöglichte eine genaue Beschreibung des Täters, die auf Lichtenecker passte, der von den beiden jungen Männern anschließend auch auf einem Foto erkannt wurde.

Der Wachmann, mittlerweile auch mit der Aufklärung dieses dritten Mordes an einem jungen Mädchen betraut, verließ nach der Zeugenaussage der beiden Handwerksburschen plötzlich die Stadt. Er gab an, eine heiße Spur in Gloggnitz verfolgen zu müssen, stieg in den Triester Eilzug und ward nicht mehr gesehen. Es hieß, Lichtenecker wäre vermutlich nach Italien und von dort nach Amerika geflohen.

Allerdings berichtete das »Badener Bezirks-Blatt« in seiner Ausgabe vom 2. April 1881, dass Lichtenecker verarmt in Wien verstorben wäre.

Anfang April 1904 wurden in der Leesdorferstraße die Skelette von zwei Frauen gefunden, die nach genauerer Untersuchung der Überreste rund 40 Jahre zuvor gewaltsam ums Leben gekommen waren. Sofort begann man in der Bevölkerung zu munkeln, dass auch diese beiden Morde auf das Konto Lichteneckers gingen. Man hatte selbigen nämlich häufiger mit zwei modisch gekleideten Damen, mutmaßlich Mutter und Tochter, in Baden im Kaffeehaus sitzen gesehen – ehe die Begleiterinnen des Verdächtigen plötzlich nicht mehr auf Besuch in die Kurstadt kamen, und das noch lange vor der Verhaftung des Polizei-Agenten. Die Nachforschungen nach den Meldezetteln, welche die beiden Frauen damals für ihre vorübergehenden Aufenthalte in Baden hätten ausfüllen müssen, blieben erfolglos. Einige Tage nach der Auffindung der beiden Getöteten konnte eine Zeugin ausgeforscht werden, die Lichtenecker einer weiteren Straftat bezichtigte. Es handelte sich dabei um die Witwe des Dienstmannes Camesian, die in der Zwischenzeit einen kleinen Grünwarenhandel in der Stadt betrieb. Sie behauptete, den Dienstmann mehrmals in der Nähe der Stelle gesehen zu haben, wo die Skelette ausgegraben wurden. Zudem hätte sie den Verdächtigen als junges Mädchen im Sommer des Jahres 1859 in der Morgendämmerung mit einem Gewehr aus einem Getreidefeld kommen sehen. Vier Tage nach dieser auffälligen Begegnung wurde ebendort die Leiche eines ermordeten jungen Mannes aufgefunden. Die Eltern des Mädchens hatten deren Beobachtung nicht der Polizei gemeldet, weil sie sich vor Lichtenecker fürchteten.

Darüber hinaus könnten zwei weitere Verbrechen von dem Badener Wachmann begangen worden sein. Eines an einem unbekannten jungen Mann, der ermordet in einem Badener Park lag, ein anderes an dem 28-jährigen Vöslauer Fuhrknecht Matthias Samwolf, der im Oktober 1866 in der Vöslauer Straße in schlafender Stellung tot auf einem Leiterwagen mit Stichwunden am Kopf aufgefunden worden war. Der Fuhrknecht hatte Lichtenecker angeblich am Tag des Mordes an Oberleutnant Kaiser beim Militärspital gesehen, mit falschem Bart und zerschnittener Hand, und dies in einem Gasthaus erzählt – das dürfte sein Todesurteil gewesen sein.

»DIE MUTTER IST TOT«

(1868)

Am 10. Juli 1868 erging nachmittags zwischen zwei und drei Uhr eine Meldung an die Polizei, der Besitzer des Hauses Neustift 399 (heute Palffygasse 26) neben dem (damals an dieser Stelle noch offenen) Mühlbach, der 35-jährige Johann Plam, sollte seine Gattin Barbara erschlagen haben. Der Badener Fleischselchermeister war zu dem auf dem Eisenbahn-Stationsplatz wachhaltenden städtischen Dienstmann gelaufen, um über die Gräueltat Bericht zu erstatten. Der machte sich daraufhin sofort auf den Weg zum vermeintlichen Tatort, wo sich bereits eine große Menschenmenge versammelt hatte, die lautstark Mutmaßungen anstellte. Geifernd und schnatternd versuchten die Leute, einen Blick durch die von dem Sicherheitsorgan geöffnete Tür in den Hof zu werfen. Der Polizist Thomas Lula begab sich rasch in die Wohnung des Beschuldigten, den er allein am Tisch sitzend, mit einem Kreuz in Händen andächtig betend, vorfand. Auf die Frage, wo sich seine Frau befände, antwortete der Verdächtige ganz ruhig: »Sie ist nicht zu Hause, sondern ich habe sie in meinem Weingarten wegen ungerechter Vorwürfe mit der Hacke erschlagen.« Auf dieses Geständnis hin verhaftete der Wachmann Johann Plam, der keinen Einwand erhob, lediglich darum bat, sich von seinen fünf Kindern verabschieden zu dürfen. Er küsste und segnete sie, danach folgte er dem Uniformierten und gab an, sich freiwillig als Gattenmörder bei Gericht anzuzeigen.

Vom Kommissariat aus, wohin der Polizist den mutmaßlichen Täter brachte, beorderte das k. k. Untersuchungsgericht eine Kommission, bestehend aus einem Richter und zwei Ärzten, an den Tatort. Dieser lag angeblich im Weingarten nächst dem Eichenwald. Und diese Aussage des Johann Plam über den Ort des Verbrechens erwies sich auch als richtig.

Man fand auch das unglückliche Weib zusammengekauert liegen mit einer vier Zoll langen klaffenden Kopfwunde, die mit der Hacke geführt worden war. Auch das linke Ohr war durchgehauen. Das Weib röchelte noch. Das berichtete die Zeitung »Das Vaterland« am 12. Juli 1868.

Im strömenden Regen besahen die drei Männer nun das Opfer und zählten insgesamt fünf Hiebe in der Schädeldecke, aus welchen Unmengen von Blut floss. Neben der Frau lagen die Mordinstrumente, zwei Weinhauen mit abgebrochenen Stielen. Barbara Plam wurde noch an Ort und Stelle mit den Sterbesakramenten versehen und anschließend auf einer Bahre nach Hause getragen, während über Baden ein Gewitter losbrach. Im Laufe des Transports verlor die Frau bereits die Besinnung, kam in ihrem Bett jedoch wieder zu sich und konnte sogar ein paar Worte sprechen. Kurz darauf verstarb sie allerdings. Den Verdächtigen hat man kurz darauf ins k. k. Kreisgericht eingeliefert.

Die »Gemeinde-Zeitung: unabhängiges politisches Journal« titelt den Artikel über das Verbrechen sensationsheischend mit *Eine Mordthat nach der anderen*. Johann Plam, Haus- und Weingartenbesitzer, war zwölf Jahre lang mit seiner Frau Barbara verheiratet gewesen.

Doch die Nachbarn wussten nichts Gutes über die Eheleute zu sagen, sie hätten in ständigem Zwist und Unfrieden gelebt und häufig lautstark gestritten. Den Charakter der Gattin beschrieben die Leute als unerträglich.

Im November desselben Jahres saß der Gattenmörder bereits auf der Anklagebank, der Prozess wurde in Wiener Neustadt von Präsident Babisch geführt.

Johann Plam gab an, dass es im Zank mit seiner Ehefrau nicht selten auch zu Handgreiflichkeiten gekommen war. Auch am Tattag hatte es wieder Streit gegeben, wie man der Aussage des geständigen Täters – vermerkt im Original-Verhandlungsprotokoll (Abschrift in der Zeitung »Neue Freie Presse« in der Ausgabe vom 11. November 1868) – entnehmen konnte: *Präs.: Sie haben unmittelbar nach der That gestanden, daß Sie dieselbe verübten. – Angekl. weint – Präs.: Sie sollen nach der Anklage die That in der Absicht verübt haben, ihr Weib zu tödten? – Angekl.: Aber i bitt', Herr Präsident, wie kann denn i mit meinen fünf Kindern so was thun? Sie war ja sonst a ganz a sauberes Weib. – Präs.: Was war die Ursache des Streits an jenem Tage? – Angekl.: Sie hat's g'macht wie alleweil, sie hat g'sagt, wann's g'wußt hätt', daß ihr so geht … sie hat früher mehr Bratln g'essen als jetzt Brot. I sag' darauf: Da hätt'st halt sollen an Grafen heirat'n. Mein Gott, wann man arm is, muß man sich halt fretten, wie's geht. I hab' e g'arbeit'. – Präs.: Das ist wahr; man gibt Ihnen das Zeugniß, daß Sie Ihre Frau mehr geliebt, als sie es durch ihr Betragen verdient und daß Sie fleißig gearbeitet haben. Dies läßt aber die Annahme zu, daß Ihnen das Betragen Ihrer Frau endlich zuwider wurde und daß Sie den Vorsatz faßten, sie zu tödten? – Angekl.: In mein Leben net hab' i auf so was denkt.*

Johann Plam berichtete weiter. »Nach dem Streit sind wir mit unserem elfjährigen Sohn in den Weingarten gegangen. Als sich Barbara wieder einmal weigerte, zu arbeiten, kam es neuerlich zum Streit. Ich hab mir dann eine halbvolle Flasche Wein aus der Hütte geholt und sie in einem Zug ausgetrunken. In der Zwischenzeit hat meine Gattin begonnen, Unkraut zu zupfen, sodass ich mit der Hacke zu arbeiten begann. Barbara kniete vor mir auf der Erde und schimpfte die ganze Zeit herauf, sodass ich ihr drohte, sie mit dem Werkzeug zu schlagen. Da sagte sie: ›Hau nur zu!‹ Derart provoziert hab ich das dann auch gemacht.« Staatsanwalt Schober erörterte: »Die Hiebe, die Johann Plam gegen seine Ehefrau führte, waren derart heftig, dass der Stiel der Hacke abbrach, woraufhin sich der Beschuldigte eine zweite gegriffen und neuerlich zuschlug.«

In der Zeitung »Neues Fremden-Blatt« ist in der Ausgabe vom 11. November 1868 in einem Protokoll aus der Verhandlung zu lesen: *Präs.: [Ihre Frau] hat auch ihr erstes Kind (das außereheliche) so mißhandelt, daß es starb und war deshalb sechs Monate eingesperrt. Sie bleiben dennoch dabei, ihr Weib nicht vorsetzlich getödtet zu haben? – Angekl.: Ja.*

»Der Bub ist vor Schreck vom Weinberg nach Hause gelaufen, als ich zuschlug«, so der Angeklagte weiter, »und hat seinem Opa alles erzählt. Ich bin dann auch zurück und habe meinem Vater die Tat sogleich gestanden.«

Plam senior sagte vor Gericht aus, sein Sohn hatte sich ein Kruzifix gegriffen und gesagt: »Jetzt können sie mit mir machen, was sie wollen!«

Laut der »Morgen-Post« vom 11. November 1868 berichteten zahlreiche Zeugen, dass Barbara Plam arbeitsscheu und bösartig gewesen war. Ihr Mann hätte sie trotzdem stets nett und freundlich behandelt und den Mord »ganz sicher nur aufs Äußerste von ihr gereizt« begangen. Ein Verwandter des Opfers gab an: »Sie hat sich scheiden lassen wollen, aber er gibt das ja nicht zu!« Tatsächlich sagte Johann Plam, dass er von der geplanten Trennung nichts wusste. Der Zeuge Joseph Stoitzer sagte aus, dass er zur Tatzeit nahe dem Eichenwald sechs oder sieben »Klescher« gehört hätte und ihm der kleine Johann Plam entgegengelaufen gekommen wäre, rufend: »Die Mutter ist tot!«

Der Vater des Angeklagten erzählte, *wie sein Sohn oft nicht »drei gute Tag in vier Wochen g'habt hat«, wie er bei schwerer Arbeit mit Wasser und Brot sich oft begnügen mußte, weil sein Weib nicht kochen wollte. Er bittet, seinen Sohn bald nach Hause kommen zu lassen, denn die Sorge für die Enkel falle ihm selbst zu schwer, da sein Weib beinahe stets krank sei. So die »Neue Freie Presse«, die weiter berichtete: Der kleine Johann Plam, der einzige Thatzeuge, gibt in seiner Naivetät der Mutter ein schlechtes Zeugnis. Mit einer gewissen Furcht gedenkt er der vielen Schläge, die er und seine Geschwister oft bei den geringfügigsten Anlässen*

von der »hart'n Mutter kriegt hab'n«. Der Angeklagte bricht beim An-
blick seines Sohnes in so heftiges Schluchzen aus, daß der Präsident
ihn bis nach der Vernehmung des kleinen Plam aus dem Saale führen
läßt. Der Zeuge gibt die Umstände der That in Uebereinstimmung mit
der Anklage an. Präs.: Wann sind die Stiele der Hauen abgebrochen? –
Zeuge: Der Vater hat's so alle zwa auf d'Erd'n g'haut, daß brochen
sein. Da is d'Mutter schon da g'legen. – Präs.: Ihr Vater hat es anders
angegeben. – Zeuge: Da muß er sich irren. – Dr. Renner: Wie war der
Vater damals? – Zeuge: »Sie« hat immer g'schimpft. – Dr. Renner: Du
hast in der Voruntersuchung gesagt, »der Vater war außer sich«. Weißt
du, was das heißt? – Zeuge schweigt.

Zuletzt betrat der Polizist Thomas Lula, der Johann Plam nach
der Tat verhaftet hatte, den Gerichtssaal. Er gab an, dass der Beschuldigte sofort geständig gewesen war. *Präs.: Haben Sie etwas Un-*
gewöhnliches an ihm bemerkt? – Zeuge: Er schien etwas verwirrt, die
Leute vor dem Haus haben gesagt, er habe getrunken. Rausch hat er
aber keinen gehabt.

Anschließend wurden noch einige Aussagen vorgelesen, etwa
die des Pfarrers, der vermeldete, dass der Angeklagte seine Frau einmal im Streit aus dem Haus gejagt hatte. Das bestritt Johann Plam
und erwiderte auf diese Anschuldigung: *Ich hab sie nie davong'jagt.*
Wann i was g'red't hab, is alleweil davong'rennt.

Am Ende der Verhandlung beantragte der Staatsanwalt die Verurteilung des Angeklagten wegen Mordes zum Tode, eventuell wegen Totschlags zu acht Jahren schweren Kerkers. Der Verteidiger
Dr. Renner bestritt den Mordvorsatz und erklärte, dass der Mann
sich ja nur hätte scheiden lassen müssen, wenn er seiner Gattin
überdrüssig gewesen wäre.

Am Ende des Prozesses wurde Johann Plam wegen Totschlags zu
fünf Jahren Kerker verurteilt, verschärft durch einen Fastentag im
Monat.

In 30 Metern Höhe floss das Wasser nach Wien, im
Haus darunter das Blut (Schlossgasse 58).

EIN BRUDERZWIST IN WEIKERSDORF

(1895)

Anschaulich beschrieb das »Bregenzer/Vorarlberger Tag-blatt« in seiner Ausgabe vom 2. August 1895 einen Mord unter Brüdern, der fünf Tage zuvor passiert war: *Aus Weikersdorf bei Baden wird gemeldet, daß dort in dem Gasthause »Zum lustigen Waldbauer«* [Helenenstraße 48; heute Schloss-gasse 58; Anm.] *zwischen den Söhnen der 83-jährigen Witwe Frau Aloisia Mayer, Franz, 35 Jahre alt, und Carl, 33 Jahre alt, gegen Mitternacht ein Streit entstand, wobei Franz Mayer seinen Bruder Carl durch Stiche mit einem Fleischermesser in die Brust und den Unterleib tödlich verletzte. Man brachte ihn, dem Gedärme aus dem Leib heraushingen, in das Rath'sche Krankenhaus, wo er am anderen Tage nach furchtbaren Qualen verschied. Der Attentäter wurde [nach seiner Flucht durch die nächtliche Stadt] verhaftet und gefesselt dem Bezirksgericht Baden eingeliefert. Die trostlose alte Mutter verlor so beide Söhne.*

Die anwesende Geliebte des Opfers, Maria Ecker, war beim Ver-such, den Angreifer abzuwehren, leicht verletzt worden.

Der »Badener Bote« macht in seiner Ausgabe vom 3. August 1895 andere Namens- und Altersangaben zu den betroffenen Per-sonen: Johann, 33 Jahre alt, Karl, 36 Jahre alt, und Magdalena statt Aloisia – und dabei soll es bleiben, weil ein Lokalblatt vermutlich die richtigere Version hat.

Wie man später aus verschiedenen Zeitungsberichten erfuhr, hatten beide Männer oft und viel getrunken, auch die Tat selbst dürfte unter Alkoholeinfluss verübt worden sein.

Die schockierte Magdalena Mayer, Wirtin des isoliert gelegenen Waldgasthauses nächst der Wiener Wasserleitung in Weikersdorf, berichtete später beim Verhör: »Eigentlich sind die Buben immer miteinander ausgekommen und haben sich gut um unseren Betrieb gekümmert. Sie widmeten ihre ganze Zeit dem Geschäft und nahmen sich kaum Zeit für andere Dinge. Sie waren sehr bemüht, den Badenern immer wieder eine neue Unterhaltung zu bieten.«

Vor allem im Fasching fanden im Gasthaus »Zum lustigen Waldbauer« jedes Jahr lustige Veranstaltungen statt, genannt »Nachbarn-Bälle«.

»Doch während der letzten Monate«, fuhr die alte Frau fort, »waren sich meine Söhne häufig nicht einig, was die Führung des Lokals betraf. Ich hab mich als alte Frau schon länger nicht mehr in die Geschäfte eingemischt, nur mehr mitgeholfen. In dieser Sonntagnacht ging es um die Sperrstunde, der eine Bub wollte den Schankraum für die besonders durstigen Badener länger offenhalten, der andere meinte, er dächte nicht im Traum daran, den ›Bsuffs‹ seinen wohlverdienten Schlaf zu opfern. Der Streit fing bereits an, als sich noch Leute im Lokal befanden, und eskalierte, nachdem der letzte unserer Stammgäste aus der Stube getorkelt war. Sie redeten sich immer mehr in Rage und tranken dabei selbst ein Glas Wein nach dem anderen. Plötzlich griff Johann nach dem Fleischermesser, das auf dem Schanktisch lag, und stach mehrmals auf seinen Bruder Karl ein. Dann ließ er die Waffe fallen und lief weg, während ich versuchte, mein Kind am Leben zu erhalten.«

Der »Badener Bote« berichtete in seiner Ausgabe vom 3. August 1895 von vier Stichen in die linke Körperseite: je einen in Brust und Oberschenkel sowie zwei in den Bauch.

Aus der »Neue Freie Presse« erfuhr man am 29. Juli 1895: *Zufälligerweise kam der Gendarmerie-Postenführer Franz Leisch des*

Postens Baden auf seinem Patrouillengange an dem Wirtshause vorüber und vernahm aus dem offenen Gastzimmer die Hilferufe des schwerverletzten Mannes, sowie die Angstrufe der hochbetagten Mutter. [...] Die Rettungsgesellschaft kam sofort mit zwei Ärzten und dem Sanitätswagen. [...] Der Mörder, Vater von vier unehelichen Kindern, wurde von dem Postenführer Leisch [und Sicherheitswachinspektor Pfeiffer um halb drei Uhr früh im Haus Waltersdorferstraße 69 bei seiner Geliebten Katharina Schützl] verhaftet. Karl verstarb im Krankenhaus gegen sechs Uhr morgens.

Nach dem Tod des einen Juniorchefs und der Einkerkerung des anderen, musste das Waldgasthaus schließen. Die Mutter der beiden Männer verstarb kurz darauf, vom Kummer geplagt und von Selbstvorwürfen gepeinigt.

Bereits Sterbehaus von Joseph Haydns Gattin Maria,
nun wieder ein Ort des Todes (Pfarrgasse 3).

SCHÜSSE GEGEN DIE SCHANDE

(1895)

Am 20. Dezember 1895 wurden die Bewohner des Hauses in der Pfarrgasse 3 zwischen drei und halb vier Uhr durch drei rasch aufeinanderfolgende Schüsse in Alarmstimmung versetzt. Die Knallgeräusche waren aus der Wohnung des 52-jährigen Privatiers Johann Groß zu hören gewesen, die einige der aufgeregten Nachbarn sogleich erstürmten. Sie brachen die Tür auf und fanden *den Mann [mit einer Verletzung auf der rechten Kopfseite] nur mehr als Leiche vor, während dessen Frau vor dem Spiegel in einem Stuhle bewußtlos lag; die Frau hatte eine Schußwunde am Kopfe,* das berichtete die Zeitung »Neues Wiener Journal« in ihrer Ausgabe vom 21. Dezember 1895. Die verwundete Theresa Groß wurde von der Rettungsgesellschaft der I. Freiwilligen Feuerwehr sofort ins Rath'sche Krankenhaus, wo sich heute noch das Areal des späteren städtischen und nun Landes-Krankenhauses und der Landespflegeanstalt befindet, transportiert, wo sie kurze Zeit später verstarb. Bei der Waffe handelte es sich um einen sechsläufigen Revolver. Der Mörder und Selbstmörder hinterließ einen Abschiedsbrief, in dem »unheilbares Leiden« als Motiv für die Tat angegeben wurde.

Johann Groß entstammte einer alten Wiener Bürgerfamilie und hatte nach dem Ableben seines Vaters, des Begründers und Besitzers des Kärntnerhof-Basars (dreigeschoßige, glasüberdachte Einkaufspassage nach italienischem Vorbild, entstanden 1875 in einem gründerzeitlichen Baukomplex in der Kärntnerstraße), ein großes

Vermögen geerbt. Die Zeitung schrieb: *Er besaß in Wien vor mehreren Jahren ein gutgehendes Leichenbestattungs-Institut, doch vernachlässigte er dasselbe bald und verlegte sich auf Börsenspeculationen.* Johann Groß, der auch in Baden lange Zeit als angesehene Persönlichkeit galt, *erlitt so große Verluste, daß er genöthigt war, seine Unternehmung zu verkaufen und [vor zehn Jahren] eine Stelle als Leiter der Filiale der Leichenbestattungs-Unternehmung in Baden [befindlich am Pfarrplatz gegenüber der Pfarrkirche, geleitet von Eduard Nissel] anzunehmen. Aber auch jetzt noch fröhnte er dem Spiele; in Kurzem hatte er wieder eine ererbte Summe von 20.000 fl.* [dieses Mal von der Mutter hinterlassen, umgerechnet etwa 285.600 Euro; Anm.] *verloren und nunmehr suchte er sich auf betrügerische Weise, durch Wechselfälschungen auf den Namen seines Schwiegervaters, des ehemaligen Badener Vicebürgermeisters Josef Beer, aus seinen Geldcalamitäten zu retten. Sein Vorgehen wurde jedoch bald entdeckt und einige durch ihn beschädigte Personen erstatteten die Strafanzeige,* darunter auch sein Schwiegervater, um sein eigenes Vermögen zu retten. Es war daraufhin am 14. Dezember vom Wiener Neustädter Kreisgericht die Untersuchung gegen ihn eingeleitet worden. Johann Groß hatte insgesamt einen Schaden von rund 70.000 Gulden verursacht.

Am Tag des Mordes und Selbstmordes hätte der Betrüger verhaftet und dem »Inquisitenspitale« übergeben werden sollen. Er hatte es aber vorgezogen, sich und seine Frau, die ebenfalls in die Betrügereien verwickelt war, zu töten, um der Schande zu entgehen.

Johann Groß *lebte mit seiner gleichaltrigen Gattin über zwanzig Jahre in der glücklichsten Ehe,* berichtete die Zeitung »Neues Wiener Journal« weiter. *Niemand hatte davon Kenntniß, daß Groß sehr bedeutende Engagements an der Wiener Börse hatte außer seiner Gattin. Es steht außer Zweifel, daß sie ihre Zustimmung dazu gab, daß Groß die todtbringenden Schüsse auf sie abgebe.*

Die beiden Leichen wurden in die Badener Todtenkammer gebracht. Das Leichenbegängniß hat in dem winterlich-stillen Curorte das größte Aufsehen erregt.

Fotografie der Villa 1892, sechs Jahre vor der Tragödie.

Aktuell ist von der stark umgestalteten Villa nicht
mehr viel zu sehen. Ein davor kürzlich errichteter ku-
bistischer Neubau prägt das heutige Erscheinungsbild.

MOTIV: DERANGIERTE VERMÖGENSVERHÄLTNISSE

(1898)

A m 2. Oktober 1898 war Baden Schauplatz eines tragischen Verbrechens, das die Bewohner bis ins Mark erschütterte – der Mord fand nämlich nicht im Arbeitermilieu statt, wie die Mehrheit der Untaten in jener Zeit, sondern in höheren Kreisen. Und auch dieses Mal handelte es sich bei dem Motiv um Geldsorgen.

Der 32-jährige aus Ungarn stammende Gutsbesitzer und Autor Adalbert Ritter von Majerski (auch Majersky) tötete in der Villa mit der Adresse Bergstraße 60 (heute Marchetstraße 60) seine junge Frau und richtete die Waffe anschließend gegen sich selbst. Er verletzte sich bei seinem Selbstmordversuch so schwer, dass er Stunden später seinen Verletzungen erlag. Die Zeitung »Neues Wiener Journal« schrieb in ihrer Ausgabe vom 3. Oktober 1898: *Derangirte Vermögensverhältnisse trieben den Unglücklichen zu der schrecklichen That. Befremdend ist nur, daß er sich seiner wohlhabenden Mutter nicht anvertraut hatte, ihr wäre es ein leichtes gewesen, den Sohn zu rangiren.*

Rasch kam die Frage auf, was den Mann dazu getrieben hatte, aus dem Leben scheiden und seine 27 Jahre alte Gemahlin Josefine ins Jenseits mitnehmen zu wollen – schließlich konnte es laut kursierender Meinung bei solch betuchten Familienverhältnissen nicht nur den Grund haben, der Schande über den finanziellen Ruin zu entgehen.

Adalbert war in einem stabilen Umfeld in der Piechov, befindlich in der heutigen Slowakei (damals Ungarn), aufgewachsen und hatte nach literarischen und naturwissenschaftlichen Studien in Preßburg und dem bald darauf folgenden Tod des Vaters Stephan das Familiengut übernommen. Ab 1893 gab er die halbmonatlich erscheinende Zeitschrift »Deutsches Dichterheim« heraus, deren Redaktion er schon bald von Dresden nach Wien verlegte, und widmete sich voller Hingabe der Erhaltung und Pflege dichterischer Werke aus dem gesamten Volksraum seiner Heimat. Er leitete außerdem von 1893 bis 1897 die »Internationale Korrespondenz-Association«, deren Präsidentschaft ihm von Berlin aus angetragen worden war. Um nicht mehr an einen Ort gebunden zu sein, verkaufte er das familiäre Gut und unternahm ausgedehnte Auslandsreisen, bis er Josefine kennenlernte. Er kaufte eine Wohnung in Wien (Reißnerstraße 30), in der sich das Paar in der Folge aber nur selten aufhielt.

In der Bevölkerung wurde nach der schrecklichen Verzweiflungstat bald getuschelt, dass ein anderer Mann im Spiel gewesen war, auf den die junge Frau Majerski »höchst positiv reflektierte«, und es sich bei den Vorgängen in der noblen Villa um ein Eifersuchtsdrama gehandelt hatte.

Die städtischen Justizbehörden rollten in der Folge den Hintergrund der Tat auf, wie die Zeitung weiter berichtete: *Vor fünf Jahren lernte der ungarische Gutsbesitzer Adalbert Edler v. Majerski während des Sommeraufenthaltes in Baden Fräulein Josefine Kommereck, eine bildhübsche Blondine, kennen und führte dieselbe kurz darauf zum Traualtar. Die Ehe war überaus glücklich zu nennen, um so mehr als die Vermögensverhältnisse Majerski's, welcher vom Hause aus reich war, den ohnehin einfachen Ansprüchen seiner Frau und ihres Haushalts entsprachen. Das junge Ehepaar lebte den Winter über auf seinem Gute in Trencsin* [ein Kurort in Böhmen; Anm.] *und kaufte vor zwei Jahren eine prachtvolle Villa in der Bergstraße Nr. 60 von den Erben des verstorbenen Generaldirectors Eichler um den Kaufschilling von 60.000 Gulden* [etwa 880.200 Euro; Anm.]; *die Villa wurde dann adaptirt und fürstlich möblirt.*

In der Zeit danach engagierte sich Adalbert von Majerski in Wien in Friedensverbänden und schrieb mit dem Pseudonym Albert von Rhoden nach seinem Bühnenwerk »Der Taugenichts« (1891) ein Drama mit dem Titel »Leona« (1895). Zudem verfasste er die Reiseschilderung »Frühlingsfahrt durch Italien nach Algerien« (1897) sowie zahlreiche lyrische und naturwissenschaftliche Beiträge in Zeitungen und Zeitschriften.

Im Sommer des Jahres 1898 weilte auch die Mutter des Mannes, Mathilde, in Baden und nahm Quartier im Haus ihres Sohnes und ihrer Schwiegertochter. Sie stellte fest, dass Adalbert auffallend häufig mit Leuten aus Wien und Budapest korrespondierte und immer stiller und in sich gekehrter wurde. Später stellte sich heraus, dass er sich bereits ab dem Jahr 1892 auf gewagte Spekulationen eingelassen hatte, die jedoch fehlschlugen.

Die besorgte Mathilde Majerski ahnte, dass Adalbert in Wucherhände geraten war und nicht mehr wusste, wie er sich aus der verfahrenen Situation befreien konnte. Kurz darauf erfuhr sie, dass ihrem Sohn die Gläubiger auf den Leib rückten, weshalb er bedeutende Darlehen auf die Villa aufnehmen musste. Der Mann war darüber zutiefst verbittert und zog sich immer weiter in sich zurück. Die alte Dame bot Adalbert an, ihm aus seinen finanziellen Kalamitäten zu helfen, doch der lehnte empört ab und leugnete sogar, sich in ernsthaften Schwierigkeiten zu befinden.

In den Nachmittagsstunden am Tag der Tat war Majerski ungewöhnlich fröhlich und hatte *mit seiner Gattin in der Stadt einen Spaziergang gemacht und mit seiner Umgebung so verkehrt, daß Niemand daran dachte, daß er den Plan gefaßt haben könnte, seine Frau und sich selbst zu tödten.* Das berichtete das »Neue Wiener Journal« vom 3. Oktober 1898 weiter. *Am Abend weilte das Ehepaar Majerski in bester Stimmung in der »Stadtconditorei«, kehrte um 9 Uhr Abends nach Hause zurück, wo es gemeinsam mit der Mutter soupirte. Nach 10 Uhr begaben sich Herr und Frau Majerski in das im Parterre gelegene Schlafzimmer, während sich die Mutter in ihre im ersten Stockwerke befindlichen Zimmer begab.*

Am frühen Morgen des 2. Oktobers, gegen halb sechs Uhr, wurde die alte Dame durch mehrere laute Detonationen aus dem Schlaf gerissen, die sich im Zimmer ihres Sohnes ereignet hatten. Sie sprang auf und lief sofort die Stiegen empor.

Hier bot sich ihr ein Anblick entsetzlicher Art. Ihr Sohn Adalbert stand mit einer klaffenden Kopfwunde, den noch rauchenden Revolver in der Hand, vor dem Bette und war eben im Begriffe, einen zweiten Schuß gegen sich abzufeuern. Die Mutter und das durch den Schuß gleichfalls aufgeschreckte und herbeigeeilte Stubenmädchen entwanden dem Manne die Waffe. Als das geschehen war, sahen sie erst die junge Frau bleich und starr, aus zwei Kopfwunden blutend, auf dem Bette liegen.

Die Angestellte schickte sofort den Gärtner der Villa um einen Arzt. Nachdem dieser eingetroffen war und anschließend das Zimmer der Eheleute Majerski betreten hatte, *versuchte R. v. Majerski einen Schuß aus einem zweiten kleineren Taschenrevolver gegen sich abzufeuern. Der Lebensmüde fand jedoch nicht mehr die Kraft zur Ausführung dieses Entschlusses. Der Arzt Dr. Tramer konnte bei Frau v. Majerski nur mehr den Tod constatiren. Auch jede ärztliche Hilfe bei dem Gatten erwies sich überflüssig; er erlag einige Stunden nach der That seiner Verletzung.*

Gegen Mittag desselben Tages fand sich in der Villa eine Gerichtskommission unter Führung des Untersuchungsrichters Dr. Lindner ein. Die Umstände der Auffindung der Leiche der jungen Gemahlin des Täters ließen darauf schließen, dass diese zur Zeit ihrer Tötung durch zwei Schüsse in den Kopf fest geschlafen hatte. Mathilde Majerski gab an, keine Ahnung von den unheilvollen Plänen ihres Sohnes gehabt zu haben, obwohl ihr seine finanziellen Schwierigkeiten bekannt waren. Sie behauptete außerdem, nichts von einer Gefahr durch einen anderen Mann zu wissen, betonte andererseits jedoch, dass seine mangelnden Erfolge als Schriftsteller und Dramatiker ebenfalls ein Grund für die Verzweiflungstat gewesen sein mochten. Das Untersuchungsgericht wollte sich letztlich nicht darauf festlegen, ob Sinnesverwirrung, Eifersucht oder Verzweiflung aufgrund der zerrütteten finanziellen Verhältnisse als Auslöser für die Tragödie zu gelten hätte.

Unter den Papieren des Mörders und Selbstmörders wurde auch ein auf 74.000 Gulden lautender Wechsel gefunden, bei dessen Aussteller es sich um einen erst kurz zuvor zahlungsunfähig gewesenen Kaufmann handelte.

Die Beerdigung des kinderlosen Ehepaars fand am 4. Oktober in Baden statt, es erfolgte auf Anordnung der alten Frau Majerski die Zusammenlegung der beiden Verblichenen in einem gemeinsamen Grab. Im November 1898 wurde beim k. k. Kreisgericht Wiener Neustadt das Verfahren zur Regelung des Konkurses und der Verlassenschaft des ungarischen Adeligen eingeleitet und die Angelegenheit dem Masseverwalter Rechtsanwalt Dr. Karl Jelinek und dem »Concurscommissär« k. k. Landesgerichtsrat Anton Freiherr von Handel-Mazzetti übergeben. Die Verbindlichkeiten des Mannes beliefen sich zum Zeitpunkt seines Todes auf 70.000 Gulden, wobei allein auf die Villa in Baden 47.000 Gulden »grundbürgerliche Schulden« vorgemerkt waren.

Im Zuge der Abwicklung der Angelegenheiten zur Klärung von Majerskis Vermögensverhältnissen stellte sich heraus, dass mehrere kleine Geschäftsleute großen Schaden durch den Mörder und Selbstmörder erlitten. Es kam zudem ans Tageslicht, dass der Schriftsteller mit einem Verleger in Frankfurt am Main einen Vertrag betreffend den Vertrieb seiner Werke abgeschlossen und ihm dafür 50.000 Mark bezahlt hatte. Darüber schrieb die »Mödlinger Zeitung« in ihrer Ausgabe vom 5. November 1898 nicht ohne Hohn: *Wie nun bekannt wird, ist der saubere Vogel ausgeflogen, natürlich nicht ohne das Geld mitzunehmen.*

Die **prächtige** Villa im Erscheinungsbild zur Zeit
des mysteriösen Mords.

ALLES ANDERE
ALS BIEDER –
DER BERÜHMTE FALL
BIEDERMANN

(1905)

eginnen tut die Geschichte mit einem Todesfall. Allerdings nicht mit jenem, der noch lange und hochemotional die Gemüter bewegen sollte, sondern mit dem Dahinscheiden des Herrn »Baron« Viktor Biedermann von Turony, der seinem Leben 60-jährig am 28. Jänner 1905 in Wien unfreiwillig Adieu sagte. Die Bestattung des Villenbesitzers aus der Troststraße fand in Baden auf dem schönen Helenenfriedhof statt. Für die Kurstadt hatte sich nun jedenfalls der positive Effekt einer Zuwendung durch ein Erbe an den hiesigen Verschönerungsverein von immerhin 2.000 Kronen ergeben. Damit war es das aber auch schon mit den »positiven« Nachrichten.

Im selben Jahr noch, nämlich am 1. Dezember 1905, wurde am Vormittag die Witwe des Verschiedenen, Lukretia von Biedermann, »in ihrem Blute schwimmend« aufgefunden. Die Nachricht ging wie ein Lauffeuer durch die Stadt. Auch hat sich unmittelbar nach dem Bekanntwerden eine größere Menschenmenge vor dem Mordhaus eingefunden – Schaulustige, wie man heute sagen würde. Die wildesten Gerüchte und Grauslichkeiten wurden erzählt, doch es sollte noch lange dauern, bis mehr Licht in die Sache kam.

Wien, N.Oe. Internat der BERUFSSCHULE für MÜLLER und ZUCKERBÄCKER

Die Rückansicht des luxuriösen Hauses, das hier -
1961 - bereits als Berufsschule genutzt wurde.

Die heute noch prächtige Villa – es wurde wie bei fast allen Altbauten im Lauf der Jahre hier ein bisschen und dort ein bisschen bei Renovierungen weggelassen, weshalb die ehemals prachtvollen Häuser trotz ihrer immer noch anerkannten Schönheit bei Weitem nicht mehr das prunkvolle Erscheinungsbild haben, in dem sie in ihren ersten Jahren erstrahlten – ließ sich der 1845 in Baden geborene Großkaufmann Viktor Biedermann Ritter von Turony 1882 vom Stadtbaumeister Hugo Zimmermann für sich und seine erste Frau, die Schauspielerin Eugenie Matzer, die 1902 verstarb, bauen. Auf diesem Gelände hatte sich davor die ehemalige bürgerliche Schießstätte befunden.

Dieses herrliche Bauwerk hatte damals eine dunkelrote Hauptfassade, Freskomalereien sowie Friesdekorationen in Sgraffitomanier und trug das Familienwappen derer von Biedermann. Eigentlich wurde die Villa nur in den Sommermonaten genutzt, doch im Jahr 1905 kam die Witwe, lediglich ein paar Tage vor ihrer Himmelfahrt am Mittwoch, dem 29. November, von einer Reise aus Ungarn direkt in das Badener Haus. Meistens hatte sie nur einen Gärtnergehilfen und eine Köchin in Diensten, was im Hinblick auf das Vermögen und die zu betreuenden Liegenschaften recht wenig war. Das hatte wohl aber auch seine Gründe, erfreute sich die Dame doch keines besonders angenehmen Rufs. Als exzentrisch, menschenscheu und habsüchtig deklariert, wird der als hager, mit scharfkantigen Zügen und rötlich schimmerndem blondem Haar beschriebenen Mittfünfzigerin kein Beliebtheitspreis gewiss gewesen sein. Die ursprüngliche Hausfrau, Eugenie Matzer, als Schauspielerin auch am Badener Stadttheater tätig, war die Schwester der Gemeuchelten gewesen. Diese hatte testamentarisch verfügt, dass die Hälfte des Vermögens ihres Mannes, das sie bei der Heirat erhielt, nach ihrem Tod nur dann an ihn zurückfallen sollte, wenn er ihre Schwester heiraten würde. Nach Ablauf des obligaten Trauerjahres tat Viktor Biedermann von Turony das dann auch brav. Man erzählte sich aber schon bald, dass der Mann, gleich den Dienstboten, viel unter dem Wesen

Das Opfer, so wie es in
einer der großen Tages-
zeitungen porträtiert
wurde.

FRAU von BIEDERMANN.

DIE VILLA DER ERMORDETEN
IN DER FROSTGASSE 5.

Mysteriöser Frauenmord in Baden. Frau von Biedermann aus Wien in ihrer Villa ermordet.

Zeichnung des ermordeten Opfers,
im Hintergrund die Villa.

der neuen »Baronin« zu leiden hatte. Von einer glücklichen Ehe kann also nicht gesprochen werden – wiewohl ein Verwandter wieder das genaue Gegenteil entschieden behauptete. Er dürfte sich auch oft genug auf seine ungarischen Güter geflüchtet haben. Seit seinem Tod soll seine Gattin allerdings noch viel schlimmer im Umgang mit ihrer Umgebung geworden sein. Sie dürfte zudem eine ausgeprägte Paranoia gehabt haben. Auch ihre Dienstmädchen ließ sie absichtlich von weit her kommen, aus Italien oder Ungarn, wo die Familie Güter besaß, holte diese selbst vom Bahnhof ab, um mit ihnen direkt in die Villa zu fahren und sofort einen Kontrakt unterschreiben zu lassen, der die weiblichen Angestellten auf sechs Monate oder ein Jahr band und ihnen alle Freiheiten nahm. Weder Ausgang noch Besuche gab es für diese armen Mädchen. Einmal unternahm eines dieser gequälten Geschöpfe angeblich einen Fluchtversuch durchs Fenster und verletzte sich dabei. Daraufhin wurde gegen die Biedermann amtlich wegen der Einschränkung der persönlichen Freiheit vorgegangen und ein Gerichtsprozess anberaumt. Allerdings gab es davor noch eine zivilrechtliche Einigung, die der gnädigen Frau eine Menge Geld gekostet haben soll.

Das letzte Mal von den Menschen in ihrer Umgebung gesehen wurde sie am Donnerstag, dem 30. November, in der Früh. Sie gab noch einige Anordnungen bezüglich des Mittagsmahls, trug dem Gärtner noch Diverses auf und sagte, dass sie das Grab ihres Gatten aufsuchen würde, um mittags wieder zu Hause zu sein. Die Bediensteten sagten später aus, dass sie nicht einmal wüssten, ob die Hausherrin tatsächlich die Villa verlassen hatte. Jedenfalls schilderte der Gärtner, dass ihm am nächsten Morgen, als er von seinem weiter hinten im Garten gelegenen separaten Häuschen in das Herrschaftshaus gehen wollte, um sich ein Frühstück zu holen, zwei offene Fenster im ersten Stock aufgefallen wären. Und das im kühlen Monat November! Diesen Umstand hat er der Köchin namens Maria Zipsia, die im Souterrain schlief, mitgeteilt, woraufhin die beiden dann treppauf gingen, um bei der Dienstgeberin anzuklopfen.

Da aber keine Reaktion erfolgte und die Tür verschlossen blieb, ging der Gärtner zum Hausverwalter, der ihn zur Polizei schickte. Beamte öffneten kurz darauf das Zimmer, um die Biedermann in einer Blutlache zwischen einer Ottomane und einem davorstehenden Tisch aufzufinden. Sie wussten sofort, dass die Frau bereits tot und nichts mehr zu machen war. Auf der Schädelrückseite befanden sich einige Wunden, die Haare hingegen hingen über das Gesicht und verdeckten dieses fast vollständig. Da man auch an den Armen und Händen Wunden fand, vermutete die Polizei, dass es einen Abwehrkampf auf Leben und Tod gegeben hatte. Man konnte späterhin feststellen, dass wohl Schläge mit einem stumpfen Gegenstand gröbere Verletzungen hervorriefen, die tatsächliche Todesursache jedoch eine Erdrosselung war, was man anhand des zerdrückten Halsknorpels nachvollziehen konnte. Die Leiche trug aber teilweise Kleidung, was für die Ermittler einen Hinweis darauf darstellte, dass der Mord wohl bereits am Mittwoch, dem 30. November, tagsüber geschehen war. Ob es sich bei dem Fundort auch um den Tatort handelte, ließ die Behörden lange Zeit rätseln. Erst ging man fix davon aus, dann wieder wollte man die Erkenntnis gewonnen haben, dass die Leiche von einem angrenzenden Zimmer zum Auffindungsort geschleppt worden war. Eine Blutspur führte jedenfalls ins Nebenzimmer, wo die schreckliche Tat offenbar stattgefunden hatte. Dort herrschte ein chaotischer Zustand, da viele Gegenstände auf dem Boden lagen, die Kästen offenstanden und auch die eiserne Kassa von ihrem Fundament abgehoben war. Es sah also eindeutig nach einem Raubmord aus. Jedoch konnte man keine Spur finden, wie der oder die Täter ins oder wieder aus dem Haus gelangt sein konnten. Der Einzige, der wohl Zeuge des Verbrechens geworden war, war der kleine Hund der Ermordeten, der zitternd neben der Leiche gesessen hatte. Dass Geld gestohlen wurde, galt als sicher.

Auffällig fand die Polizei allerdings, dass die Dienstleute erst Tage nach dem vermeintlichen Verschwinden des Opfers Nachschau gehalten und die Polizei verständigt hatten. Zu erwarten wäre doch gewesen, dass man sich spätestens am Nachmittag dieses Tages hätte Sorgen machen müssen, wenn schon für das Mittagessen Anordnungen getroffen worden waren.

Die Gerichtskommission, die kurz nach dem Auffinden der Toten am Vormittag noch an Ort und Stelle Verhöre durchführte, erkannte vor allem beim Gärtner Ludwig Nowak Verdachtsmomente. Er hatte bereits eine Woche zuvor Streit mit einem Mann gehabt, bei dem er seinen Kontrahenten ins Auslagenfenster einer Trafik geworfen hatte. Der Bursche, der als jähzornig galt und sogar in dem Gasthaus in der Franzensstraße (heute Kaiser-Franz-Ring), in dem er täglich sein Mittagessen einnahm, öfters mit den Kellnern in tätlichen Konflikt geriet, verwickelte sich auch wiederholt in Widersprüche. Allerdings muss man sagen, dass er, wie auch die Köchin, aufgrund der Situation sehr aufgeregt war und noch dazu Deutsch nur gebrochen sprach.

Am Nachmittag kam die Kommission ein weiteres Mal in die Villa, wobei sie sich vorher erst den Weg durch die neugierige Menschenmenge bahnen musste, um den Tatort noch einmal zu untersuchen und den Abtransport der Leiche zu organisieren. Bei dieser Gelegenheit wurden die Angestellten ein weiteres Mal verhört. Die einzige Erkenntnis, die man an diesem ersten Tag gewinnen konnte, war, dass wohl mindestens zwei Personen das Opfer würgten und auf den Hinterkopf schlugen. Es sah verdächtig nach einer Racheaktion aus. Da auch relativ rasch festgestellt wurde, dass es mehrere Leute gab, die beide Dienstboten aufgefordert hatten, das Verschwinden ihrer Herrin relativ bald zu melden, diese aber untätig geblieben waren, wurden die Köchin und der Gärtner festgenommen. Schon bald wollte man wissen, dass es so gut wie keinen Zweifel mehr an der Tatausführung durch Nowak, der aus der kleinen, heute in Kroatien liegenden Stadt Csakathurn (Čakovec) kam und seit 1. August bei Frau Biedermann beschäftigt war, gab. Aber auch Gerüchte, die sich als falsch herausstellten, machten in Windeseile die Runde durch die Stadt. So soll die Köchin einen Versatzschein für Schmuck der

Zeichnung des ver-
dächtigen Gärtners
Ludwig Nowak, neben
ihm Staatsanwalt
Dr. Kämpf.

Illustration von
der Verhandlung,
in der auch Josef
Janko abermals
angeklagt war.

Biedermann in ihrem Besitz gehabt haben – wie erwähnt, eben eine von vielen unwahren Geschichten, die in Baden kursierten.

Die Kriminalbeamten und die Kommission arbeiteten durchaus gründlich. Man fand bei dem Gärtner einen Teil einer Schnur, die von jener abgeschnitten zu sein schien, mit der die Erdrosselung durchgeführt worden war. Ein Knopf seines Rockes wurde in dem Mordzimmer aufgefunden, und auch die Hautabschürfungen an seinen Händen konnte er nicht glaubwürdig erklären. Schließlich ließen die Behörden noch eine daktyloskopische Untersuchung der Räumlichkeiten vornehmen. Am Montag, dem 4. Dezember, kamen dann auch schon die Ergebnisse, die zu der Feststellung führten, dass es doch nicht, wie ursprünglich angenommen, mehrere Verbrecher gegeben haben musste, da lediglich die Finger- und Handabdrücke Nowaks gefunden wurden. Auch auf der eisernen Kassa waren nur die Spuren des Gärtners zu sehen. Vor allem das große Gewicht des Tresors hatte bis zu diesem Zeitpunkt die Ein-Täter-Theorie als äußerst unwahrscheinlich gelten lassen. Nach der Erkenntnis der Daktyloskopie stellte man nun Versuche an, ob es einem einzelnen sehr kräftigen Mann vielleicht doch möglich wäre, das schwere Ding aus seiner Verankerung zu heben, und bejahte dies schließlich. Der Mörder hatte auch einen Unterteil der Längswand des Bettes benutzt, was diese Arbeit wohl erleichtert haben dürfte, sodass sie auch für eine Einzelperson zu schaffen gewesen wäre.

Die Untersuchung an sich wurde, wie bereits erwähnt, durchaus gründlich durchgeführt, gestaltete sich aber auch recht langwierig, da der Inhalt der völlig durchwühlten und ausgeräumten Kästen überall am Boden verstreut lag und erst mühsam Ordnung gemacht werden musste – was seit Samstag, dem 2. Dezember, ununterbrochen passierte. Der Nachweis eines Raubes war dementsprechend erschwert, weil man nicht einmal den Besitzstand gut nachvollziehen konnte. Die wunderliche Frau hatte ja auch so gut wie niemanden in ihre Nähe gelassen, was man dann beim Aufräumen unerfreut feststellte. So wurden etliche schmutzige Kleidungsstücke zwischen den vielen Nippes, aber auch Schmuckstücken gefunden, die offensichtlich jahrelang nicht mehr gereinigt worden waren. Man konnte letztendlich aber doch ein wichtiges Dokument in die Hände bekommen: eine Liste der Pretiosen, die im Großen und Ganzen den Familienschmuck abbildete und bei einem Grazer Verwandten verwahrt wurde. Mit dieser Aufstellung konnte man dann den aufgefundenen Schmuck vergleichen und feststellen, dass dieser annähernd vollständig vorhanden war. Wie sich allerdings später herausstellte, handelte es sich dabei größtenteils um so genannten »Theaterschmuck« – heute würde man Modeschmuck dazu sagen. Die Gerüchte über den sagenhaften Reichtum der Biedermann zeitigten in Baden aber fantastische Blüten.

Unter einem Wäschestapel in einem Koffer konnte man dann sogar noch 2.000 Gulden finden. Man ging jedenfalls davon aus, dass die Aufarbeitung der Massen an Gegenständen und die ordentliche Durchsuchung der Villa einige Tage in Anspruch nehmen würde.

Ein gewisser Johannes Mayerhofer, seines Zeichens ein Badener Maler, hingegen gab in der »Freien Badener Bezirksrundschau« als deren Herausgeber an, dass die Fingerabdrücke Nowaks deswegen auf der eisernen Kasse gefunden wurden, weil die Untersuchungskommission vor Ort ihn gebeten hatte, das schwere Stück zur Seite zu schieben. Auch soll der städtische Detektiv [Polizeibeamter; Anm.] Höferl direkt am Tatort deswegen den Knopf – einen gepressten Lederknopf, der eindeutig vom Sakko des Nowak stammte – des 18-jährigen Gärtners unter einem Teppich gefunden haben, weil ihn der Gerichtsjurist Mandel bei der Tatbestandsaufnahme verloren hatte. Warum sich dieser überhaupt in dessen Besitz befand, wird nicht behandelt. Mayerhofer schreibt auch, dass der Untersuchungsrichter Sieber behauptete, Nowak habe ihm gegenüber gestanden, eine Kiste mit Pretiosen aus dem Besitz Lukretia von Biedermanns vergraben zu haben, die von der Polizei im Garten gefunden wurde. Der Kämpfer für Nowak und die anderen drei jugendlichen Verdächtigen, die es mittlerweile gab, schrieb weiters, dass sich in besagtem

Behältnis Sachen befanden, die noch bei der Nachlassaufnahme als vorhanden aufgezeichnet worden waren. Angeblich wäre über den Inhalt auch bereits ein Wiener Blatt informiert worden, noch bevor die Kiste überhaupt geöffnet worden war.

In der Zwischenzeit blieb die Polizei nicht untätig und verhörte parallel zu der erwähnten Hausdurchsuchung sämtliche Personen, die irgendwie einen Bezug zu dem Fall haben könnten oder von denen man sich Hinweise erhoffte. Nowak stritt unterdessen vor dem ihn einvernehmenden Untersuchungsrichter jegliche Beteiligung ab. Der Hausverwalter jedoch – damals sagte man noch Hausadministrator – war wohl einer der wenigen, der tatsächlich Bemerkenswertes in seiner Aussage mitteilte. Er gab vor dem städtischen Polizeibeamten Wycklicki an, dass die Ermordete den Gärtner wegen dessen störrischen Wesens entlassen wollte, was dieser auch wusste. Kurz vor ihrer Hinmetzelung hatte sie einen Brief an einen Bewerber für diese Stelle aufgesetzt. Jetzt war aber wieder die Motivlage nicht klar – Raubmord oder Racheakt?

Dass allerdings vom Briefträger Neubauer ein Mann gesehen worden war, der mit einem Schlüssel am Gartentor hantiert hatte, wurde nicht weiter verfolgt und konnte nachher auch nicht mehr aufgeklärt werden, diente aber vor allem dem Maler Johannes Mayerhofer, der sich weiterhin vehement für zwei der später Verhafteten einsetzte, als Basis für die Entlastung seiner Schützlinge.

Verdächtig blieb dennoch eine ganze Schar an Personen, wobei man relativ bald meinte, die Untersuchung gegen Nowak zu intensivieren und die anderen Unglücklichen, die eigentlich nur durch dumme Umstände in eine Verdachtslage gekommen waren, gehen zu lassen. Der Gärtner wurde also in das Kreisgericht Wiener Neustadt eingeliefert, in das ihm die noch immer nicht ganz rehabilitierte Köchin und der Taglöhner Josef Janko sowie dessen Freund, der 17-jährige Malerlehrling Mathias Jageditsch, dessen Vater Kutscher in Gemeindediensten war, folgen mussten. Die k. k. Polizei ersuchte auch über die Printmedien alle Personen, die über irgendwelche

Informationen verfügten oder über ein mögliches Liebesverhältnis der Biedermann Bescheid wüssten, sich zu melden.

Während die Behörden also noch mit höchstem Eifer recherchierten, wurde Biedermann – die man eigentlich unrichtig immer wieder als »Baronin« bezeichnete – in einem Metallsarg, in dem sie in der Totenkammer des Stadtpfarrfriedhofs aufgebahrt lag, am Montag, dem 4. Dezember, um 4 Uhr nachmittags beerdigt. Um Punkt halb vier Uhr wurde der Sarg, der von zahlreichen Kränzen der Familienangehörigen geschmückt war, auf den Galaleichenwagen gehoben und in die Pfarrkirche überführt. Eine große Menschenmenge hatte sich da bereits auf dem Kirchenplatz versammelt oder, wie man damals sagte, »Posto gefasst«, um in andächtigem Schweigen den Zug des Leichenwagens mit der Trauergemeinde zu erwarten. Nach der Einsegnung von Dechant Iby und vier weiteren assistierenden Geistlichen wurde der Sarg auf den Helenenfriedhof gebracht, wohin zwei Wiener »Detectives« – also spezielle Polizisten – den Trauerzug begleiteten. Auch dort wieder eine große Menschenmenge. Man muss wohl feststellen, dass die Ansammlungen doch eher auf Sensationslust als auf Sympathie zurückzuführen waren. Da die Biedermann ja, wie bereits erwähnt, nicht den Ruf einer besonderen Menschenfreundin genoss, war ihre Anhängerschaft bestimmt überschaubar. Noch dazu, wo man mit ihr, wegen der ihr nachgesagten Ungepflegtheit, wohl nicht unbedingt viel gesellschaftlichen Verkehr gesucht hat. Ihrem Grab ließ sie aber, gegen die genannten Eigenschaften, eine besondere Pflege angedeihen. Dieses hatte sie sich neben dem ihres verstorbenen Mannes gekauft, der dort ja bereits mit seiner ersten Frau – ihrer Schwester – in der Ewigkeit Ruhe fand.

Nach einigen weiteren Tagen gab es tatsächlich Reaktionen auf die Aufrufe der Zeitungen, etwas im Zusammenhang mit dem Mord zu melden. Die bereits erwähnten Taglöhner, Janko und Jageditsch, gerieten dadurch in eine äußerst erhöhte Verdachtslage. Zwar waren bei den nun zahlreich bei der Polizei eintrudelnden Meldungen viele Unwichtigkeiten dabei, aber am Freitag, dem 8. Dezember, meldete sich ein Bursche, der aussagte, dass er an dem Mordabend mit den beiden oben Erwähnten ein Haus in Baden besucht habe – was immer mit »Haus« gemeint war. Denn Janko übernachtete dort und zahlte mit einer 50-Kronen-Note. Am nächsten Tag soll er »das Mädchen« scherzweise gefragt haben, ob sie denn keine Angst vor ihm gehabt hätte, da er doch in der Lage gewesen wäre, sie zu ermorden. Er hatte dann mit ihr noch ein Rendezvous für Sonntag vereinbart, für das er ihr zwei Armbänder versprach. Zu diesem kam er dann natürlich nicht, da er bereits die Zellenwände von innen betrachten durfte. Mehrere Zeugen bestätigten jedenfalls, dass die beiden jungen Männer in dem Haus gewesen waren, weshalb das Mädchen nach Wiener Neustadt zur Gegenüberstellung gebracht wurde. Die Wohnung – ein kleines Dachbodenzimmer in der Dammstraße 8 – des 21-jährigen Josef Janko, die er mit seiner Mutter bewohnte, wurde auch untersucht, wobei Mayerhofer den Agenten der Stadtpolizei Dominik Höferl bezichtigte, sich während dieser Amtshandlung Gegenstände angeeignet zu haben. Das hatte hatte ebenfalls noch ein längeres Nachspiel, weil der Maler damit später auch den ranghöchsten Polizisten Badens Polizei-Oberkommissär Lutter konfrontierte. Bei der Durchsuchung von Jankos Domizil konnte jedenfalls nichts gefunden werden, lediglich 60 Kronen Papiergeld und sieben Silbergulden. Da die Mutter, eine arme Bedienerin, über so gut wie keinen Verdienst verfügte, forschte man nach dem Ursprung des Geldes und fand heraus, dass die Banknoten aus einer Stiftung stammten und die Silbergulden eine Gnadengabe Erzherzog Rainers waren. Immer mehr Details wurden bekannt, aber auch die abstrusesten Theorien machten die Runde. So soll Janko der Geliebte der Köchin gewesen sein, die vor Zipsia, welche erst seit drei Monaten in den Diensten der Biedermann stand, in der Villa angestellt war. Diese wohnte in der Mansarde der Villa in der Troststraße, und der junge Bursche war zu den Stelldicheins regelmäßig über den Blitzableiter hinaufgeklettert. Später fand man dort auch Spuren dieser akrobatischen Leistung, die man allerdings mit dem Verbrechen in Verbindung brachte. Bei der zweiten Verhandlung, die zwei Jahre später nach erneuter Anklage stattfinden sollte, erklärte Janko, dass er davon nur seinen Kameraden erzählt hätte, »um sich groß zu machen«.

In den darauffolgenden Tagen waren plötzlich dauernd Gerüchte von neuen Morden im Umlauf. Hier hatte wohl die Volksseele Blut geleckt an der Sensationsgier. Die Tat und vor allem die noch immer ausständige Klärung gaben dazu Anlass, dass sich überall das Gespräch darum drehte und Vermutungen angestellt wurden. Auch die Blätter der Reichshaupt- und Residenzstadt Wien nahmen sich des Verbrechens gerne an, und jedes noch so blöde Gerücht in Baden wurde abgedruckt. Sobald es irgendeine Neuigkeit zu dem Fall gab, wurde diese auch schon wieder in Umlauf gebracht. So beispielsweise der Fund des Testaments der Biedermann vom Juli 1905. Da wurden als Erben eine Tante, die Senatspräsidentenwitwe Marianne von Leitmaier und der Neffe Tibor von Biedermann eingesetzt. Bis zu diesem Zeitpunkt hatten sich allerdings schon 96 Personen als erbanspruchsberechtigt gemeldet, die nun alle erst einmal durch die Finger schauen mussten, sich dann aber zu einer Ungültigkeitsklage gegen das Testament entschlossen. Da ein großer Teil der Enttäuschten aus der Untersteiermark und Krain (beides heute Slowenien) stammte und fast unbemittelt war, konnten sie sich das Prozessieren allerdings nicht leisten. Die Argumentation, dass die beiden Schwestern Biedermann, geborene Matzner, Züge von Geisteskrankheit – Eugenie zum Beispiel religiösen Verfolgungswahn – aufwiesen, reichte nicht aus, um das Testament für ungültig erklären zu lassen. Auch nicht mit dem Zusatz, der Vater der beiden, der Eisenbahnoberkondukteur Anton Matzner, sei an Säuferwahnsinn gestorben. Die Klage wurde also letztendlich abgewiesen.

Das Erbe war dann doch gar nicht so gering, so dass sich die beiden Begünstigten durchaus freuen konnten. Immerhin betrug der gesamte Nachlass ein Vermögen von 533.882,05 Kronen, was heute etwa 3,5 Millionen Euro entsprechen würde. Auf 70 Seiten wurde detailreich die Hinterlassenschaft aufgegliedert. Ob die Villa hier inkludiert war oder nicht, kann heute nicht mehr gesagt werden. Fest steht aber, dass dieses prachtvolle Gebäude alleine bereits den veranschlagten Wert übersteigen würde. Dieses ging dann im Zuge des Verlassenschaftsverfahrens an Frau von Leitmeier über.

Um die Jahreswende 1905/1906 trat Ruhe in der Berichterstattung über diesen Sensationsfall ein. Es dauerte nun bis zum 7. März 1906, bis es wieder Neuigkeiten dazu gab. An diesem Tag wurden Maria Zipsia und Mathias Jageditsch enthaftet. Sie saßen also ein Vierteljahr in Untersuchungshaft. Bei dem Malergehilfen, der als im Äußeren durchaus sympathisch beschrieben wurde, hatte ein angeblicher Blutfleck auf einem Kleidungsstück, der sich später allerdings als Farbfleck herausstellte, seine Haft begründet, bei der Köchin die manchmal widersprüchlichen Aussagen. Die junge Frau war nach ihrer Haftentlassung so herabgekommen, dass man sich sogar in einem Zeitungsaufruf an die Bürger wandte, für sie zu spenden. Körperlich und auch seelisch wäre sie in einem ganz fürchterlichen Zustand.

Es dauerte dann noch bis zum 3. April, bis der Gärtner Ludwig Nowak vor dem Untersuchungsrichter Dr. Schwele in Wiener Neustadt das Geständnis ablegte, dass er alleine für den Tod der Biedermann verantwortlich wäre. Eingeleitet hat er dies mit den Worten: »Ich bitte um Entschuldigung, dass ich so viele Lügen vorgebracht habe.« Er begründete die Tat damit, dass Frau von Biedermann ihn mit einem Revolver bedroht – dieser befand sich nachweislich tatsächlich immer geladen in einem der Zimmer – und er sich in seiner Wut zu dem Mord hinreißen lassen hatte.

Am 8. Juni 1906 begann der Prozess gegen den mittelgroßen, kräftigen und bartlosen Burschen, der dann wieder eine neue Wende bringen sollte, denn in der Verhandlung hat der Angeklagte das Geständnis zurückgenommen und als erzwungen dargestellt. Er wurde oft verhört, manchmal bis in die späten Nachtstunden, einmal ist »halb zwei Uhr nachts« in den Zeitungen nachzulesen. Als Zeugen wurden sogar die Schwester und der Vater des jungen Mannes vernommen, welcher den Prozess in einem hellen Sommeranzug, der als sehr nette Kleidung von der Presse wahrgenommen wurde, durchstand. Der Wortwechsel zwischen dem Gerichtspräsidenten Hofrat Hebenstreit und Nowak, in dem dieser das Geständnis widerrief, verlief folgendermaßen: Präsident: *»Sie haben die Anklage gehört, bekennen Sie sich schuldig?«* – Nowak: *»Nein!«* – Präsident: *»Sie haben also nicht getan, was Ihnen die Anklage zur Last legt?«* – Nowak: *»Nein!«* – Präsident: *»Sie haben aber in der Voruntersuchung ein Geständnis abgelegt.«* – Nowak: *»Entschuldigen Sie, ich war in der Dunkelzelle!«* – Präsident: *»Sie waren nicht in der Dunkelzelle!«*

Der Vorsitzende erklärte daraufhin den Geschworenen, dass Nowak, weil er wiederholt versucht hatte, Briefe aus der Zelle zu schmuggeln, um sich mit Janko in Verbindung zu setzen, schließlich in eine mit einem Korb umgebene Zelle gebracht worden war, damit ein Briefwechsel verhindert werden konnte. Der Angeklagte erklärte, dass es ihm in der Zelle sehr schlecht gegangen und er der Meinung gewesen wäre, sterben zu müssen. Nowak sagte dann auch, dass Janko ihn überredet hätte, das falsche Geständnis abzugeben, damit die anderen drei unschuldig Inhaftierten freikämen. Er könnte dann ja im Prozess seine Unschuld beteuern, die ihm sicher geglaubt werden würde, da er es ja auch schließlich sei. Sein Verteidiger Dr. Stein befragte ihn ebenfalls diesbezüglich. Stein: *»Sie sagen, dass Ihr Geständnis falsch ist. Wie kommt es, dass in demselben die Einzelheiten der Tat geschildert sind?«* – Nowak: *»Ich war doch bei dem Lokalaugenschein dabei, habe alles gesehen und der Untersuchungsrichter hat mir alles vorgesagt.«* – Stein: *»Warum haben Sie gestanden?«* – Nowak: *»Weil ich einen Monat in Dunkelzelle war, eine Woche lang keine Suppe bekam, und weil ich ein Leintuch zerrissen habe. Ich habe es nicht mehr ausgehalten!«* – Stein: *»Haben Sie nach dem Geständnis noch Disziplinarmaßnahmen erhalten?«* – Nowak: *»Nein.«*

Als der Gärtner über seinen Essensentzug in der finsteren Zelle sprach, ging ein Raunen durch das Publikum im Gerichtssaal. Sofort schaltete sich deshalb wieder der Präsident mit der Bemerkung ein, um den Anschein zu vermeiden, dass Untersuchungshäftlinge gefoltert würden, müsse er festhalten, dass es durchaus auch hin und wieder notwendig wäre, Disziplinarmaßnahmen zu ergreifen – wie eben bei Nowak. Der Staatsanwalt meinte jedoch, dass es sich bei dieser Zelle Nr. 44 um einen angenehmeren Aufenthaltsort handelte als bei dem Gartenhäuschen, das Nowak auf dem Grundstück der Villa Biedermann bewohnte.

Den vorgeladenen Janko hat man auf Antrag der Staatsanwaltschaft gleich wieder, angeblich wegen falscher Zeugenaussage, in Haft genommen, was großes Aufsehen erregte. Ebenso kurios war es, dass einer der Geschworenen als Gutachter für die Schnur, mit der die Erdrosselung durchgeführt wurde, fungierte. Mitten im Prozess gab er seine Expertise zum Besten und erläuterte, dass die besagte Schnur identisch sei mit jener, mit der Nowak seine Unterhose zubinden würde.

Am zweiten Verhandlungstag wurde dann das Urteil gesprochen. Ein Freispruch, der allerdings einen seltsamen Beigeschmack hatte. Die Jury hatte durch ihren Obmann, den Badener Rudolf Schratt, nämlich eine Eventualfrage auf Totschlag, zusätzlich zu den vorgesehenen Fragen nach einem Verdikt wegen Mordes, beantragt. Da dies aber aufgrund der damals geltenden Strafprozessordnung nicht legitim war und die Geschworenen dem Angeklagten die Mordabsicht nicht zugemessen hatten, sprachen sie ihn für diesen Tatbestand mit neun zu drei Stimmen frei. Als der Präsident Dr. von Hebenstreit dann die gänzliche Freisprechung verkündete, brach im Saal Jubel mit lauten »Bravo«-Rufen aus. Nowak, komplett erstarrt, wurde von seiner Schwester und seinem Vater umarmt, die dabei laut weinten.

Der Fall hatte gleich ein weiteres gerichtliches Nachspiel. Der ebenfalls fünf Monate inhaftiert gewesene Janko hat den Hausarzt

der Frau von Biedermann, Dr. Reitler, geklagt, da der den Erstge-
nannten angeblich bei der Untersuchung der Leiche gegenüber
dem Gerichtsarzt Dr. Delena als verdächtig klassifiziert hatte. Der
Mediziner bestritt dies dann in der Verhandlung und meinte, dies
gar nicht gesagt haben zu können, da er den Janko doch gar nicht
kannte. Vielmehr hat er im Gespräch über die Charakteristik der
Toten, die er als förmlich an Verfolgungswahn leidend beschrieb –
was auch die Basis für die Testamentsanfechtung war – von Nowak
gesprochen. Dieser »Nebenkriegsschauplatz« ging letztendlich
ohne Urteil aus. Dr. Reitler konnte sich jedoch den Gerichtsräum-
lichkeiten nicht dauerhaft entziehen. Der bereits erwähnte Badener Maler Johannes Mayerhofer, Herausgeber der »Freien Badener
Bezirksrundschau«, setzte sich nämlich in jeglicher möglichen Art
und Weise für den seiner Meinung nach unschuldig eingesperrten
Nowak ein. Sogar durch selbst herausgegebene Schriften, die eine
Zusammenfassung der von ihm in seinem Blatt veröffentlichten
diesbezüglichen Artikel darstellten und die diese Argumentationen
stützen sollten. Gleichzeitig beschuldigte er in diesen Publikatio-
nen aber auch Dr. Reitler als Raubmörder der Biedermann. Dieser
ließ sich dies anfänglich wohl gefallen, bis er – als Nowak vom Geschworenengericht freigesprochen worden war und Mayerhofer
mit seinen Beschuldigungen nicht aufhörte – nun auch meinte, den
Gerichtsweg einschlagen zu müssen. Dies kündigte er sogar recht-
fertigend in der »Badener Zeitung« an und erklärte seine bisherige
Passivität damit, dass er Mayerhofer, der wohl ein an Paranoia lei-
dender Querulant wäre, die psychische Störung nicht übel nähme,
da dieser damit ja nur einen Unschuldigen vor einem Justizirrtum
bewahren wollte. Da das aber nun nicht mehr notwendig wäre und
Mayerhofer nicht aufhören würde, ihn zu beschuldigen, gäbe es nur
mehr den Weg zu Gericht. Die Anzeige wegen Verleumdung wurde
aber dann eingestellt, weil ein psychiatrisches Gutachten dem Maler
zwar keine Geistesgestörtheit attestierte, aber durchaus eine Beein-
trächtigung der Objektivität und zwar in jenem Sinn, dass er *durch*

seine gesteigerte Phantasie mit seinem erhöhten Selbstbewußtsein die
Neigung zeige, von ihm offenkundig bloß kombinierte[n]r Möglichkei-
ten denselben Wert wie vollkommen erwiesenen und sichergestellten
Tatsachen beizumessen, daß er infolgedessen bezüglich der ihm zur
Last gelegten Handlungen zweifellos »bona fide« [im besten Glauben;
Anm.] *gehandelt habe und daß sich in der Art zu urteilen und in sei-*
nen Charaktereigenschaften abnorme Züge nachweisen lassen.

Die Ehrenbeleidigungsklage hat Reitler aber weiterbetrieben.
Am 8. August 1907 wurde Mayerhofer tatsächlich vom k. k. Bezirksgericht Baden zu einer Woche Arreststrafe verurteilt, da er nach wie
vor behauptete, Reitler sei der Mörder der Biedermann. Zu diesem
Prozess, der auch recht heitere Aspekte gehabt haben soll, waren
36 Zeugen geladen. Auch der so lange beschuldigte und inhaftier-
te ehemalige Gärtner Frau von Biedermanns, Ludwig Nowak, der
extra von seiner Ausbildungsstätte, der Matrosenschule der k. u. k.
Kriegsmarine in Pola [heute Pula; Anm.], anreisen musste. Die Vor-
bereitungen haben sich den ganzen Tag hingezogen, so dass die
tatsächliche Verhandlung erst um halb sieben Uhr abends stattgefunden hat. Besonders die Aussagen Nowaks, den man für seine
Matrosentracht und den bereits erreichten Chargengrad bewunder-
te, wurden mit Spannung erwartet. Als der Richter ihn fragte, von
wem ihm zugetragen worden war, dass Reitler einen Schlüssel zur
Villa und dadurch jederzeitigen – auch unbemerkten – Zutritt gehabt hätte, staunte der nunmehrige Matrose den Richter an und begann, nach Atem zu ringen. Nach einem Schweißausbruch begann
er zu taumeln, wurde ohnmächtig und vom Gerichtsdiener aufge-
fangen. Nach ein paar Minuten der Erholung erklärte Nowak dem
Richter, dass er erst vor kurzem krank gewesen und noch nicht ganz
gesund wäre. Dieser, der den Gebeutelten nun sitzend seine Aussage machen ließ, forderte ihn auf, den Hausarzt, der mit Frau von
Biedermann angeblich ein intimes Verhältnis gepflegt hatte, in seinem Aussehen zu beschreiben. Daraufhin erklärte der Gärtner,
dass es sich um einen hochgewachsenen, schmächtigen Mann mit

dunklem Spitzbart handelte. Reitler trat nun dicht an Nowak heran und forderte ihn auf, den Herrn mit dem Spitzbart im Gerichtspublikum zu finden. Dieser blickte sich auch wirklich um und suchte in der Menge. Erst als Reitler vorbrachte: »Sie sagen also, dass ich damals einen dunklen Spitzbart getragen habe«, bemerkte der ehemalige Beschuldigte, dass es Reitler selbst war, der ihn da angesprochen hatte. Jedenfalls sagte Nowak in Bezug auf den angeblichen Schlüsselbesitz des Hausarztes aus, dass darüber unter den Angestellten gesprochen und gewitzelt worden war. Die 33-jährige Köchin Maria Zipsia, die ja selbst einige Monate in Untersuchungshaft verbracht und diese gebrochen wieder verlassen hatte, wollte aber von einer diesbezüglichen Unterhaltung wieder nichts wissen.

Das – von beiden Seiten berufene – Urteil lautete eine Woche Arrest. Man warf Mayerhofer auch vor, aus dem ursprünglichen Mordprozess viel Geld durch seine Berichterstattung für mehrere Zeitungen herausgeschlagen zu haben. Dieser bestritt dies wiederum und begründete seine Aktivität damit, nur für seine Mündel Nowak und Janko und deren gerechte justizielle Behandlung gekämpft zu haben. Ganz im Gegenteil hätten ihn seine Aufwände in dieser Sache bereits 5.580 Kronen gekostet. Der Maler und Verleger hatte aber erst einige Jahre zuvor einen Manifestationseid vor dem Bezirksgericht leisten müssen, da er mittellos war, was von den Klägern wieder als Beweis für die Gewinnabsicht in der Berichterstattung gesehen wurde.

Nur wenige Tage nach der Gerichtsverhandlung meldete der neue Gärtner der Villa Biedermann, dass er in einer der Gartenhütten eine frisch ausgehobene Grube gefunden hatte, an deren Rand Schmuckstücke lagen. Diese wurden untersucht und als echt mit beträchtlichem Wert erkannt. Offensichtlich hatte man Dachbretter der Hütte gelöst, um in diese einzusteigen. Man vermutete, dass die Beteiligten dabei gestört worden sein dürften. Die »Badener Zeitung« erwähnte in diesem Zusammenhang auch, dass sich Nowak aufgrund der Verhandlung wieder in Baden aufhielt und hier auch nächtigte. Allerdings fand diese am 8. August statt, und am 17. d. M. hat der Gärtner in der Hütte noch nichts bemerkt.

Der Fall Biedermann bekam auch den Namen »Seeschlange«, weil er immer wieder aus der Versenkung aufgetaucht ist, nachdem man bereits angenommen hatte, dass nun alles geklärt wäre – abgesehen vom Ergreifen des Täters. So wurde im August berichtet, dass der neue Untersuchungsrichter eine ganze Reihe an bisher nicht bekannten Zeugen einvernommen hätte, die allerdings alle dem gebildeten Kreis angehörten, und nicht mehr aus dem Dienstbotenumfeld stammten wie davor.

Im September erstattete der Weikersdorfer Maurergehilfe Johann Lichtenstrasser bei der Polizei Anzeige und sagte Folgendes aus: »Bei mir wohnt der Kutscher Josef Feigl, der mit einem Mann im Wiener Neustädter Gefängnis in einer Zelle gesessen ist, der wiederum auch mit Nowak eine Zeit lang eine solche geteilt hat. Von dem hat er gehört, dass der Gärtner gesagt hat, der hätte das der Biedermann geraubte Geld im Garten vergraben und würde sich auf acht bis zehn Jahre Gefängnis einstellen.«

Im Februar 1908 wurde Nowak neuerlich verhaftet. Ursache waren seine Aussagen gegenüber einem Mädchen, das er bei der Anreise aus Pola zu dem Ehrenbeleidigungsprozess kennen gelernt hatte. Dieses meldete Nowaks Schilderungen der Polizei, und dieser wurde aus der istrianischen Hafenstadt, in der der Hauptkriegshafen der k. u. k. Marine etabliert war, mit einer Eskorte nach Wiener Neustadt überführt.

Der Prozess wurde neuerlich aufgerollt und auch Janko wieder angeklagt. In den Zeitungen in ganz Österreich wurde immer wieder über diesen aufsehenerregenden Fall und den Verhandlungsverlauf berichtet. Man könnte viele Prozessdetails wiedergeben, von Aussagen über neue Indizien und Zeugen usw., die ein höchst interessantes und teilweise auch amüsantes Bild ergeben würden. Doch dafür fehlt hier der Platz.

Zur Monatswende März/April 1908 fiel neuerlich ein Urteil. Nowak wurde wieder nicht des Mordes an Biedermann für schuldig gesprochen, sehr wohl aber für den Tatbestand des Totschlags, der in diesem Prozess dann doch auch aufgenommen worden war. Man befand ihn also für denjenigen, der die Biedermann zu Tode gebracht hatte. Bei der Urteilsverkündung brach der bei diesem Prozess so souverän und selbstsicher Auftretende in sich zusammen und begann zu weinen. Vier Jahre schwerer Kerker mit einigen weiteren Verschärfungen wurden ihm aufgebürdet. Auch Janko hat man wegen Diebstahlsteilnehmung wieder zu drei Monaten Kerker verurteilt. Da Nowak zur Zeit seiner Haft aber noch Angehöriger der k. u. k. Kriegsmarine war, verlieh man ihm sogar das Militärjubiläumskreuz, das alle Angehörigen der k. u. k. Wehrmacht aus Anlass des 60-jährigen Regierungsjubiläums bekamen. Dieses wurde an das Kreisgericht Wiener Neustadt gesandt und Nowak erst bei seiner Haftentlassung ausgehändigt.

Und so ging es auch heiter weiter. Im Oktober des Jahres fand Mayerhofers Berufungsverhandlung zum Ehrenbeleidigungsprozess statt. Diesmal vor dem Kreisgericht Wiener Neustadt. Aus dem Ersturteil von einer Woche Arrest wurden drei Monate einfachen Arrests. Diesen musste er dann auch tatsächlich antreten. Doch auch diese Zeit ließ er nicht ungenutzt vergehen und klagte die »Badener Zeitung« auf unrichtige bzw. nicht zeitgerechte Berichterstattung.

Skurrilerweise ist heute ein gewisser Mayerhofer Bewohner jenes Hauses Erzherzog Wilhelm-Ring 38, das damals die Adresse des Dr. Reitler war, bevor er auf den Franzensring 17 übersiedelte und dort seine Praxis weiterführte. Es muss durchaus festgehalten werden, dass die »Badener Zeitung« ganz vehement den Arzt gegen jede Verdächtigung verteidigte und diese auch ins Lächerliche zog, während fast alle anderen Blätter – auch jene außerhalb von Baden, der Fall war ja ebenso in Wien Sensation – durchaus weitergehende Dinge besprachen, die in der »Badener Zeitung« gar nicht oder anders erwähnt wurden. Dass der ehemalige Schriftleiter dieser Zeitung ein Herr namens Marzellin Adalbert Reitler war, ist wohl für den Hausarzt der Lukretia von Biedermann kein Nachteil gewesen. Ob es hier ein Verwandtschaftsverhältnis gab oder nur zufällige Namensgleichheit, hat sich noch nicht erschließen lassen. Der Badener Mediziner starb jedenfalls 1917 48-jährig in Wien, war auch zwei Jahre in der hiesigen Gemeindevertretung und Mitglied der Schlaraffia [weltweite deutschsprachige Vereinigung zur Pflege von Freundschaft, Kunst und Humor; Anm.].

Die »Seeschlange« Biedermann-Mord ist aber auch nach dem zweiten Prozess und der Verurteilung Nowaks wieder aufgetaucht. 1909 wurde von einem Grazer Juwelier Anzeige erstattet, dass Schmuckstücke, die er bekommen hatte, aus dem verschwundenen Juwelenbesitz der ermordeten Badener Villenbesitzerin stammen könnten. Wie kam es dazu? Marie Magloth, die Mutter Jankos, war mit diesem und einer Anna Zwinz in die steirische Hauptstadt übersiedelt. Dort wurde von Magloth nach geraumer Zeit ein wertvolles Ohrgehänge über eine Mittelsfrau ebendiesem Juwelier zum Ankauf offeriert. Der Anzeige wurde nachgegangen, und es konnte tatsächlich festgestellt werden, dass der Schmuck von Biedermann stammte. Also wurden sowohl Janko als auch seine Mutter in Haft genommen. Bei dem Verhör gaben sie an, dass sie das Ohrgehänge von Nowak bekommen hätten. Dieser wurde an seinem Haftort, der Strafanstalt Stein, dazu befragt und antwortete, dass er weder den Schmuck kenne noch diesen dann weitergegeben haben konnte. Da die Magloth und Janko eine viermonatige Untersuchungshaft verbüßt hatten, kam es wegen Diebstahlsteilnehmung zu einer Verurteilung von nur mehr einer Woche für die Frau und 14 Tagen für Janko – ein recht mildes Urteil.

Nowak wurde im Jänner 1911 aus der Haft entlassen und rückte dann unmittelbar wieder zur Marine ein, wo seine Dienstzeit am 31. Juli 1913 endete. Er kündigte an, dass er eine Wiederaufnahme des Verfahrens begehren würde. Tatsächlich hat er dies dann aber doch nie in die Wege geleitet. Was weiter mit ihm passiert ist, konnte leider nicht recherchiert werden. 1923 wurde jedenfalls ein Ludwig Nowak in Tabor, damals bereits Tschechoslowakei, wegen Raubmordes hingerichtet. Die erste Justifizierung in dem neuen Staat, die besonders den Verurteilten entsetzte, da er meinte, in einer Republik würde es doch keine Todesurteile geben! Ob es sich bei diesem Nowak um jenen aus dem Biedermann-Fall handelte, konnte nicht festgestellt werden. Da er aber bei seiner Hinrichtung 36 Jahre alt war, hatte er zumindest das gleiche Alter wie der verdächtige Gärtner.

Auch die ehemalige Köchin, Maria Zipsia, die ja ebenfalls einige Monate in Untersuchungshaft gewesen war, nahm kein gutes Ende. Die Jahre nach dem Prozess hatte sie sich als Wäscherin mehr schlecht als recht durchgebracht. In ihren letzten Jahren war sie sogar beim Pfarrplatz regelmäßig betteln gegangen, um über die Runden zu kommen. Im Juni 1930 wurden alle drei Badener Feuerwehren in die Wörthgasse 11 gerufen, da dort ein Gartenhaus in Flammen stand. Darin lebte die 66-jährige Zipsia, die offensichtlich darauf vergessen hatte, dass Milch auf dem Spiritusbrenner kochte. Sie wurde verkohlt in ihrem Bett aufgefunden – wie auch 1.000 Schilling in ihrem Koffer.

Wer nun tatsächlich Lukretia Biedermann von Turony umgebracht hat, ist bis heute ungeklärt und wird es wohl auch bleiben. Nowak wurde zwar wegen Totschlags verurteilt, hat aber immer seine Unschuld beteuert. Die Rolle Jankos bei der Ermordung der Biedermann, den sein Vormund Mayerhofer so sehr verteidigt hat, scheint aber mehr als fragwürdig.

Nebenbei soll nur erwähnt sein, dass es schon kurz nach dem Mord und später immer wieder teils versteckte, teils offene Hinweise gab, dass die Biedermann während des Liebesaktes getötet worden war – einer der Gründe, warum man Nowak, auch vor Gericht, verdächtigt hatte, mit Lukretia von Biedermann ein zumindest sexuelles Verhältnis gehabt zu haben.

Die Villa Biedermann scheint später nur noch einmal aufgrund eines Ereignisses, mit dem sie in Zusammenhang stand, auf. Im Mai 1939 hielt die NSV (Nationalsozialistische Volkswohlfahrt) eine Sitzung mit über 100 Personen im ersten Stock des Prachtbaus ab. Einer der Teilnehmer bemerkte plötzlich, dass es aus dem Plafond zu rieseln begann, und teilte dies dem Vorsitzenden umgehend mit. Der ließ schnell den Saal räumen, woraufhin man feststellte, dass die Decke – bei weiterem Verbleib in dem Raum – wohl aufgrund Überlastung eingestürzt wäre.

Damit ist die Villa Biedermann aus der Berichterstattung verschwunden, bis sie heute in diesem Werk als Tatort neuerlich ans Licht gebracht wird.

Der gutsituierte Gatte und sein Opfer.

EINE RELIGIÖSE WAHNSINNSTAT

(1906)

ast jede Zeitung, die einen Artikel über den Vorfall im April 1906 brachte, leitete diesen mit folgenden oder ähnlichen Worten ein: *Schon wieder ein Mord in Baden – Zum dritten Mal seit kurzer Zeit ist gestern die freundliche Kurstadt Baden durch eine Bluttat in Aufregung versetzt worden!* Neben dem Verbrechen, das im Dezember 1905 in der Biedermann-Villa verübt worden war (siehe Seite 43 ff.), hatte im September desselben Jahres die frühere Blumenhändlerin Elise Schweidler-Grollmus in der Wassergasse ihrer siebeneinhalbjährigen Tochter Grete mit einem Küchenmesser *den Hals bis zur Wirbelsäule aufgeschnitten.*

Der dritte Mord, die religiöse Wahnsinnstat, ereignete sich am 8. April 1906 in der Eichwaldgasse 12, wo der 53-jährigen Magdalena Zantominizi mit einem eineinhalb Kilo schweren Hammer die Schädeldecke eingeschlagen wurde. Bei dem Täter handelte es sich um den 51-jährigen Ehemann des Opfers, einen ehemaligen Weichselrohr-Fabrikanten, der über 30 Jahre mit seiner Gattin verheiratet gewesen war. Peter Zantominizi hatte seinen Beruf etwa fünf Jahre zuvor aufgrund eines Nervenleidens aufgeben und sich wider seinen Willen ins Privatleben zurückziehen müssen.

Über die Entdeckung der Leiche berichtete die »Mödlinger Zeitung« in ihrer Ausgabe vom 15. April wie folgt: *Am 10. D. M. abends verbreitete sich in Baden die Nachricht, daß Frau Magdalena*

Zantominizi in ihrer Wohnung ermordet aufgefunden worden sei. Dem Volksschullehrer König, dem Wohnungsnachbar des Ehepaars Zantominizi, war es aufgefallen, daß er die Frau, mit der er sonst täglich sprach, seit Sonntag noch nicht gesehen habe.

Zwei Tage zuvor, also kurz nach dem Mord, hatte eine Nachbarin den Mann in der Wohnung brüllen hören und Nachschau gehalten. Ihr war auf ihre Frage, was denn los sei, geantwortet worden: »Meine Frau ist krank. Ich bin ganz desperat!«

Vorsichtsweise klopfte [König; Anm.] *an die Wohnungstüre der Eheleute, doch wurde ihm die Tür nicht geöffnet. Er klopfte stärker und als auch dies erfolglos blieb, verständigte er die Polizei.*

In etwa zur selben Zeit ging eine Anzeige von Hutmacher Witzmann bei der Polizei ein, weil er »die liebe Frau Magdalena« schon zwei Tage lang nicht gesehen hatte und wissen wollte, ob sie komplett »marod« wäre. Da machten sich die Beamten sofort auf den Weg.

Die »Mödlinger Zeitung« schrieb weiter: *Nun wurde die Türe gewaltsam geöffnet und man entdeckte Frau Zantominizi im Schlafzimmer in gräßlichem Zustande als Leiche im Bette. Ihr Kopf war durch die Schläge mit einem beilartigen Instrument förmlich zerschmettert. Das Gesicht war mit Blut bedeckt. Das Mordinstrument war bald gefunden: Es war ein Hammer, der nicht weit vom Bette lag und mit einer blutigen Kruste überzogen war. Auch ein Messer* [eines, wie man es zum Abschneiden von Weichselrohren benutzt; Anm.], *das neben dem Hammer lag, wies Blutflecken auf. Die Brust der Leiche war mit Heiligenbildern bedeckt und in den Händen erblickte man Rosenkränze.*

In der Küche waren zwei Stühle aneinandergerückt, auf welchen jeweils eine Kerze stand – vermutlich hatte der Mörder dort nach der Tat gebetet.

Auf einem Tische lag ein Zettel sehr verworrenen Inhalts. Man konnte nur deutlich entziffern »1/2 3 Uhr«. *Vermutlich ist es die Stunde, um welche der Mord verübt worden ist. Die Schriftzüge auf diesem Zettel sind unverkennbar die des Gatten der Ermordeten. Man fand ferner ein 32 Seiten starkes Schriftstück vor, betitelt: »Mein letzter Wille«. In diesem Testament wird ein Fiakereigentümer in Wien zum Haupterben eingesetzt, ferner sind verschiedene Legaten ausgeworfen. Zweifellos ist auch dieses Manuskript von Peter Zantominizi geschrieben worden.*

Den beiden Söhnen des Paars hatte der Vater schon einige Zeit zuvor je 100.000 Kronen vermacht.

Am Ende seines letzten Willens verlieh der Mann seiner Hoffnung Ausdruck, *dass er seiner lieben, teuren und braven Frau bald nachfolgen werde.*

»Das interessante Blatt« enthüllte in seiner Ausgabe vom 26. April 1906 Einzelheiten zu einem beim Testament befindlichen Schriftstück, in dem der Täter auch schilderte, wie es zu dem Mord an seiner Ehefrau gekommen war: *[...] er bringe seine Frau deshalb um, weil er fürchte, daß sie ihn ins Irrenhaus bringen werde. Seit Monaten habe er ein Winzermesser vorbereitet, um die Frau zu töten. Dieses Messer habe er schleifen lassen und es in einer eisernen Kasse, die neben den Ehebetten im Schlafzimmer steht, verborgen. Seine Frau habe das Messer entdeckt und ihn gefragt, wozu er es denn brauche. Darauf habe er erwidert, daß er sich damit selbst umbringen wolle. Die Frau nahm ihm nun das Messer weg. Hierauf habe er seiner Werkzeugkiste einen Holzschlegel und ein Küchenmesser entnommen und den Mord verübt. Zum Schlusse bemerkte er noch, daß seine Frau eines sehr sanften Todes gestorben sei.*

Eine Untersuchung der Leiche durch Gerichtsarzt Dr. Delana ergab, dass die Frau im Schlaf erschlagen worden war. Der Fabrikant wollte sich anschließend erhängen, was er ebenfalls im Testament kundtat. Ein Lokalaugenschein am Tatort bestätigte dieses Vorhaben, da die Ermittler eine rechts am Türpfosten des Klosetts befestigte Rebschnur vorfanden. Diese hatte dem Gewicht des Mörders jedoch nicht standgehalten und war gerissen.

Bekannte des Paars und Nachbarn wussten zu berichten, dass der eheliche Friede seit der Frühpensionierung des erfolgreichen

Geschäftsmannes nicht mehr wie früher ungetrübt und das Zusammenleben des Ehepaars von ständigem Hader geprägt gewesen war. Die Frau, von Zantominizi gegen den Willen seines Vaters aus Liebe geheiratet, soll mehrmals erwähnt haben, dass sie es sich nach dem Tod des Gatten gut gehen lassen würde. Der wiederum hatte einige Tage vor dem Mord, nach einem Bericht über die vermutete Untreue seiner Gattin, angeblich zu einem Bekannten gesagt: »Die M … muss ich doch noch einmal erschlagen!«

In der Bevölkerung genoss der Badener ein hohes Ansehen, galt als freundlich und großzügig, auch wenn einige Exzentrizitäten in seinem Wesen auffielen. Besonders bemerkenswert war seine übergroße Frömmigkeit, die sich in der Ausschmückung seiner gesamten Wohnung mit zahllosen Heiligenbildern und diversen Andachtsgegenständen äußerte.

In den Stadtzeitungen sind zahlreiche Spenden des ehemaligen Fabrikanten an die Freiwillige Feuerwehr mit Beträgen zwischen 30 und 50 Gulden vermerkt. Aber auch seinen Mitmenschen war der wohlhabende Mann immer bereit, zu helfen. So legte er im Jahr 1888 fünf Gulden in den Hilfsfonds, der für durch Hagelschäden betroffene Gemeinden im Bezirk Baden gegründet worden war, oder unterstützte einen Verein zur Förderung armer Schulkinder. Im Jahr 1882 wurde er zum Ehrenmitglied des Erzherzog-Albrecht-Militär-Veteranen-Vereines Baden ernannt.

Seine Frau haben die Leute als einfache brave Frau geschildert, die mit ihrem Mann viele Jahre in glücklicher Ehe lebte, bis der Wahnsinn aus ihm einen reizbaren Menschen machte.

Das Haus, in dem das Paar lebte, beschrieb die Zeitung »Die Zeit« in ihrer Ausgabe vom 11. April 1906 als »villenartig«. *Man gelangt zum Haustor über eine kleine Stiege, die zu einer Veranda führt. In die Wohnung führt ein Vorzimmer. Links von diesem ist die Küche, rechts das Klosett, vorn ein Haupteingang zum Speisezimmer, an das sich links das Schlafzimmer anschließt, in dem die Mordtat begangen wurde.*

Die »Mödlinger Zeitung« wusste außerdem zum Eheleben des Mannes, der zum Mörder seiner eigenen Gemahlin wurde, Folgendes: *Peter Zantominizi war sehr eifersüchtig und beschuldigte seine Frau, daß sie sich von ihm abgewendet habe und zu anderen Männern in Beziehung getreten sei. Die Frau wehrte sich gegen die Anschuldigung der Untreue, die, wie es heißt, unbegründet war und für die der nervenkranke Mann auch keine Beweise zu erbringen vermochte.*

»Die Zeit« veröffentlichte am 11. April 1906 außerdem diese Zeilen: *Am Samstag holte Zantominizi seine Frau in einem Geschäftslokal in Baden, wo sie öfter Besuche machte, ab, und die Frau klagte damals, daß sie Verdrießlichkeiten habe, weil sie eine [Rechnung verloren und die] Zahlung nochmals gefordert wurde.*

Ihr Mann hatte sie daraufhin auf der Straße angeschrien und beschimpft, wie mehrere Zeugen berichteten. Diese machten sich Sorgen, dass er seine Frau zu Hause womöglich misshandeln würde. *[Dabei hat Zantominizi] erst kürzlich eine Kaltwasserkur gebraucht und war anscheinend in seinem Zustande sehr gebessert nach Baden zurückgekommen. Seine Frau holte ihn damals von Wörishofen ab und die Eheleute waren im besten Einvernehmen. Sie ließen sich damals auch gemeinsam photographieren.*

Das Paar versöhnte sich offenbar auch an jenem Samstag wieder, besuchte am Abend mehrere Heurigenschänken in Traiskirchen und Baden und kehrte danach in ein Kaffeehaus ein, wo es bis nach Mitternacht verweilte.

Gegen zwei Uhr früh bemerkte der durch die Straßen der Stadt patrouillierende Wachmann Josef Weil, dass an dem Haus der Zantominizis die Rollos heruntergelassen waren. Er sagte zu seinem Kameraden Leopold Schuster: »Gehen wir weg, wir stören die Leut!« Eine halbe Stunde danach spielte sich hinter diesen Fenstern eine fürchterliche Tragödie ab. Die Polizei ermittelte später, dass der Ehemann und Mörder am Montag vormittags wie üblich eine Heurigenschänke besuchte, mittags in ein Lokal essen ging und abends heimkam, um sich schlafen zu legen – auf dem Diwan, wo er es sich mit

In der verschlafenen Eichwaldgasse – eine so grausame Tat ist hier kaum vorstellbar.

zahlreichen Wäschestücken aus dem Kasten seiner Frau, die tot in der Wohnung lag, gemütlich machte.

Am 10. April erschien Zantominizi morgens um acht Uhr im »Café Français« (heute »Café Central« am Hauptplatz), wo er allerdings für gewöhnlich erst abends auftauchte. Zufällig hielt sich dort auch ein Redakteur der Zeitung »Die Zeit« auf und vernahm die Worte des Gattenmörders, die er zu sich selbst sprach: »So hat es kommen müssen!« Als ein Herr auf ihn zutrat, so berichtete der Journalist weiter, und ihn fragte: »Wie geht es deiner Alten?«, antwortete Zantominizi: »Der geht es schon sehr gut!«

Die anderen zu dieser Zeit im Kaffeehaus anwesenden Gäste berichteten später bei der Polizei, der Gattenmörder hätte sehr niedergeschlagen und müde gewirkt.

Vom »Café Français« begab er sich zu seinem Bruder Adolf in die Wassergasse und bat ihn, mit ihm nach Wien zu fahren. Er deutete an, dass er einen Fachmann für Geisteskrankheiten aufsuchen wollte. Bevor die beiden Baden verließen, behob Peter Zantominizi 3.000 Gulden bei der Sparkasse, um sie seinen beiden Schwägerinnen zu schenken.

In etwa zur selben Zeit dürfte die Leiche der ermordeten Magdalena von den Beamten in Baden entdeckt worden sein.

Darüber berichtet die »Illustrierte Kronen Zeitung« am 11. April 1906 wie folgt: *Das Gittertor, das auf die Veranda führte, war zwar offen, die Wohnung jedoch anscheinend von innen versperrt. Der Schlüssel des unteren Schlosses der Verandatür steckte von innen, das obere Schloß war jedoch abgesperrt worden. Rasch wurde ein Schlosser geholt, der die Wohnung öffnete.*

Auf der Veranda sah man nichts Auffälliges. Doch schon in der Küche bemerkte man, daß etwas Seltsames geschehen sein müsse, und als die Schlafzimmertür geöffnet wurde, schlug den Eintretenden ein durchdringender Leichengeruch entgegen. Nachführer Pfeifer erklärte seinen Begleitern sofort: »Hier ist ein Mord geschehen!«

Die schöne Grablege am Stadtpfarrfriedhof, der
Familienname in italienischer und venezianischer
Schreibweise.

Mittlerweile in Wien angekommen, fuhren die Brüder mit einem Fiaker zu einem Besuch bei einem Freund, der am Mittersteig wohnte, danach gingen sie mittags essen. Laut Adolfs späterer Aussage wirkte Peter ein wenig zerstreut, war wortkarg und sprach zusammenhanglos. Anschließend machten sie sich auf den Weg zu Magdalenas Schwestern. Die Einspännersgattin Anna Froschbauer in der Breitenseer Straße 80 und die Sattlergehilfensgattin Marie Tilzer in der Weiglgasse 2 lebten in Wien in ärmlichen Verhältnissen. Sie zeigten sich überrascht von dem Geldgeschenk und der finanziellen Großzügigkeit ihres Schwagers, zumal er sich 20 Jahre lang nicht um sie gekümmert hatte. Im Gespräch mit den Damen erwähnte er immer wieder ein »Hackerl«, womit er den Hammer meinte, mit dem er seine Ehefrau getötet hatte.

Nach den Besuchen fuhren die Brüder ins Allgemeine Krankenhaus, und dort gestand Peter seinem Bruder auf dem Klosett seine Tat. Adolf zweifelte an der Aussage, woraufhin der Gattenmörder empört ausrief: »Du wirst schon sehen, wenn du nach Baden kommst!«

Als die beiden einem Arzt berichteten, was geschehen war, wurde sofort die Polizei gerufen. Die Beamten verhafteten den mutmaßlichen Mörder, brachten ihn zur Prüfung seiner Schuldfähigkeit in das Inquisitionsspital des Landesgerichts und anschließend in das Kommissariat in die Waisenhausgasse am Alsergrund, wo eine behördliche Anzeige erfolgte. Der Täter legte in der folgenden Befragung vor den Beamten ein umfassendes Geständnis ab. Laut seiner Aussage hatte er seine Gemahlin bereits am Palmsonntag um halb drei Uhr ermordet und mit der Leiche die Zeit bis Dienstagfrüh in einem Zimmer zugebracht. Weiter gab er an, nach Wien gefahren zu sein, um einen Facharzt zu konsultieren, der ihm Auskunft über seinen Geisteszustand geben sollte. »Ich glaube nämlich, dass ich in eine Heilanstalt eingewiesen werden müsste«, klagte der Festgenommene und rief danach plötzlich aus: »Jetzt werde ich die silberne Hochzeit nicht mehr erleben!« Anschließend verlangte er, dass man ihm ein »einfaches Leichenbegängnis um fünftausend Gulden« veranstalten möge.

Adolf war der Polizeieskorte bis zum Kommissariat am Alsergrund gefolgt und forderte die Wachmänner im Kommissariat zu einem Gespräch auf. Er argumentierte erregt, dass sein Bruder »nicht ganz richtig im Kopf« wäre und daher nicht eingesperrt werden dürfte.

Währenddessen traf ein Telegramm aus dem Landesgericht ein, in dem ein Arzt nach der Untersuchung des Täters seinen Zweifel darüber zum Ausdruck brachte, dass dieser an Wahnsinn leide. Seiner Meinung nach wäre der Mann als voll schuldfähig einzustufen.

Später war zu erfahren, dass Peter Zantominizi schon einige Monate vor dem schrecklichen Verbrechen um die Einlieferung in eine Irrenanstalt gebeten haben soll – wäre man seinem Wunsch nachgekommen, hätte seine Gattin nicht sterben müssen.

Das Leichenbegängnis der ermordeten Magdalena Zantominizi am 14. April 1906 erweckte reges Interesse in der Bevölkerung und fand daher unter großem Zulauf auf dem städtischen Friedhof statt. Zahlreiche Badener waren erschienen, um der Unglücklichen die letzte Ehre zu erweisen, den schlichten Metallsarg schmückte ein Meer von Kränzen.

Hinter vorgehaltener Hand tuschelten ein paar Damen in Anspielung auf den einfachen Beruf der Getöteten, die vor ihrer Ehe als Dienstmädchen in einem Gasthaus gearbeitet hatte: »Das hat sie jetzt davon … unbedingt reich heiraten wollen und dann einen Verrückten erwischen.«

Als direkt Betroffene schlossen sich dem Trauerzug die beiden Brüder und die drei Schwestern des Opfers mit ihren Männern an, die anschließend auch das Wohnhaus in der Eichwaldgasse 12 besuchten. Von den Verwandten des Täters erschien niemand.

Eine Obduktion hatte nicht stattgefunden, da der Mord klar erwiesen und die Leiche zum Zeitpunkt des Auffindens bereits zum Teil in Verwesung übergegangen war.

Im September des Jahres 1906 erhängte sich der Weinbauer Leopold Zantominizi, ein weiterer Bruder des Gattenmörders, auf dem Dachboden seines Hauses in Tribuswinkel Nr. 87.

Peter Zantominizi wurde aufgrund von religiösem Wahnsinn in die Landesirrenanstalt im 19. Bezirk eingeliefert, wo er sich am 19. Oktober 1907 mit dem Sacktuch [aus Stoff gefertigtes Taschentuch; Anm.] eines anderen Kranken an einem Fensterkreuz strangulierte.

Die greise Mutter der Brüder hatte sich etwa ein Jahr zuvor ebenfalls das Leben genommen – durch Erhängen.

Dietmann's Hotel zur „alten Krainerhütte" im Helenental.

Das schon seit über 100 Jahren bekannte Ausflugslokal (heute stark verändert), das den Ausgangspunkt für die tragische Liebesgeschichte bildete.

ROMEO
&JULIA

(1906)

A m Sonntag, dem 17. Juni 1906, verschwanden der 28-jährige Wiener Feuerwehrmann Josef Platzer und seine 23-jährige Geliebte Adele Sika in Baden spurlos von der Bildfläche. Der Vater des Mädchens, der Briefträger Josef Sika, wohnhaft mit seiner Gattin in der Wintergasse 30 im 20. Bezirk, erstattete drei Tage später eine Vermisstenanzeige. Er war dafür nach Baden gekommen und hatte den Beamten auf dem Stadt-Polizeikommissariat einen am selben Tag bei ihm eingelangten Brief ausgehändigt, versehen mit einem Poststempel vom 18. des Monats.

Das Schreiben enthielt die Information, dass die beiden Liebenden im Helenental Selbstmord verüben wollten, sowie detaillierte Angaben zu dem Plan als eine Art Schnitzeljagd – empfinge man die Nachricht rechtzeitig, könnte man das lebensmüde Paar noch rechtzeitig daran hindern, sich umzubringen; wenn nicht, sollte man zumindest wissen, *wo ihre Hüte und wo ihre Leichen lagen*. Die Zeilen enthielten die Zimmernummer im Gasthof Krainerhütte, in dem die beiden ein letztes Mal von Sonntag auf Montag übernachten wollten, zudem die Auskunft, dass sie sich dort in der näheren Umgebung in der freien Natur umbringen wollten, sowie die Bitte, gemeinsam in einem Grab beerdigt zu werden. Die kräftigen Schriftzüge ließen darauf schließen, dass der Brief von Josef Platzer verfasst worden war.

Da die beiden jungen Leute jedoch schon öfter solche Absichten geäußert hatten, wie Adeles Eltern auf die Nachfrage der Beamten angaben, wollten diese zuerst nicht sofort zu ermitteln beginnen, da sie nicht von einer Verzweiflungstat, sondern eher von einem gemeinsamen Durchbrennen ausgingen. Sie argumentierten, dass diese theatralische Inszenierung nicht ernst zu nehmen wäre und auch die Tatsache, dass es schon mehrere solcher Schreiben gegeben hatte, gegen die Ausführung der angekündigten Tat spräche. Erschwerend kam das Geständnis der Mutter hinzu, eine Frau habe ihr erzählt, dass Josef Platzer schon einmal so ein »Manöver aufgeführt«, auch ihre Tochter »als Liebesgeisel genommen« und in ihrem und seinem Namen einen Doppelselbstmord angekündigt hatte. Tatsächlich war das Pärchen nach dreitägiger Abwesenheit wohlbehalten aufgefunden worden.

Als Josef Sika aber hartnäckig blieb und darauf bestand, dass die Polizei das Mädchen suchte, fuhren die Polizei-Agenten mit ihrer Droschke endlich doch noch zu dem im Brief angegebenen Quartier. In der Krainerhütte erfuhren sie von dem Gastwirt, »dass die beiden jungen Leute am Sonntag nachmittags gegen fünf Uhr mittels eines Lokalzugs aus Wien angekommen sind und abends im Hotel genachtmahlt haben. Sie waren sehr elegant gekleidet und bezahlten zwei Nächte im Voraus. Am Montag früh am Morgen haben sie nach dem Weg zum Eisernen Tor gefragt, sind anschließend in heiterer Laune aufgebrochen und trotz der Zurücklassung von Effekten bisher nicht wiedergekehrt.« Eine Angestellte des Gasthofs lieferte auch noch eine zweite Version. Sie wollte gehört haben, dass die beiden planten, nach St. Pölten zu reisen.

In dem Zimmer des Gasthofs, das Adele und Josef bewohnten, wurden zerrissene Briefe gefunden, zudem war der Garderobekasten versperrt und der Schlüssel abgezogen. Ansonsten gab es keine weiteren Hinweise auf den Verbleib der jungen Leute.

Der Vater des abgängigen Mädchens blieb in Baden, um dessen Spur weiter zu verfolgen, und setzte eine hohe Belohnung auf Hinweise, die zum Auffinden seiner Tochter führten, aus.

Im Hintergrund der nun folgenden Suche nach dem Paar liefen die Recherchen der Polizei im Badener Büro auf Hochtouren. Man konnte eruieren, dass die beiden am Samstag einen Ausflug nach Nußdorf und Breitensee unternommen hatten, ehe sie am folgenden Tag nach Baden aufbrachen. Dort war Platzer in ein Geschäft gegangen, um den Schmuck seiner Geliebten zu versetzen und Bargeld zur Verfügung zu haben, ehe sie zur Krainerhütte fuhren. Dort schrieben sie dann auch den Abschiedsbrief an Adeles Eltern, den sie am Montag verschickten.

Die Beamten fanden außerdem heraus, dass der Verschwundene ein regelrechter »Don Juan« war, auch schon mit der Verschleißerin einer Tabaktrafik im 9. Wiener Gemeindebezirk ein Liebesverhältnis eingegangen war und das Mädchen schwanger sitzen gelassen hatte.

Über die erst kurz vor dem Verschwinden von Adele und Josef entstandene Bekanntschaft der beiden schrieb die »Illustrierte Kronen Zeitung« in ihrer Ausgabe vom 21. Juli 1906 Folgendes: [...] *Platzer war nämlich seit einem Monat der Feuerwehrfiliale Brigittenau zugeteilt. Die Fenster der Kaserne, in der er wohnte, liegen gegenüber der Wohnung der Sikaschen Eheleute und durch dieses Gegenüber kam die Bekanntschaft zwischen den jungen Leuten zustande. Schon nach wenigen Tagen hatte der fesche Feuerwehrmann, der über eine außerordentliche Überredungsgabe verfügt, das sonst sehr ernst veranlagte und schwer zugängliche Mädchen in sich vernarrt gemacht. Der Umstand, daß Adele Sika auch eine kleine Mitgift zu erwarten hatte, dürfte das Eheversprechen, das ihr Platzer schon nach acht Tagen gab, allem Anscheine nach sehr beschleunigt haben.*

Die Eltern des Mädchens waren anfangs gegen die Bekanntschaft. Die Mutter hielt Adele oft vor, sie möge den Verkehr mit Platzer aufgeben, da er ja bei seinem Einkommen von 80 Kronen monatlich an eine Heirat nicht denken könne.

»Doch Adele flehte mich weinend an«, erzählte ihre Mutter bei der Polizei, »sie nicht dazu zu zwingen, Platzer zu verlassen, da er angeblich gedroht hatte, sich in diesem Fall zu erschießen. Also gab ich meinen Widerstand auf und habe sogar versucht, eine Stellung für ihn zu finden, die ihm das Heiraten ermöglichen würde. Doch Josef ignorierte meine Vorschläge und fand es nicht einmal der Mühe wert, zu Vorstellungsgesprächen zu gehen, die ich ihm vermitteln konnte. Mein Mann und ich haben uns daraufhin zurückgezogen, was ihm dann auch wieder nicht gepasst hat. Schließlich wirkten wir neuerlich auf unsere Tochter ein, sich von diesem Mann zu trennen, der es offenbar nicht ernst mit ihr meinte. Wahrscheinlich hat er Adele dann überredet, mit ihm durchzubrennen oder gar mit ihm zu sterben.«

Die Polizei ging weiterhin davon aus, dass der angekündigte Doppelmord nur eine Flunkerei Platzers war, um das Mädchen an sich zu ketten und es mit der romantischen Vorstellung, gemeinsam in den Tod zu gehen, weil die Eltern sie auseinanderbringen wollten, gefügig zu machen. Doch Adeles Mutter fürchtete mittlerweile, dass sich ihre Tochter, die das Leben eher schwer als leicht nahm, in jedem Fall etwas antun würde – auch wenn Platzer vielleicht wirklich gar nicht plante, sie und sich umzubringen, sondern sich von ihr abwandte, weil er auf elterlichen Widerstand stieß.

Und so stellte die Polizei weitere Nachforschungen an und suchten im gesamten Helenental nach dem Liebespaar. Darüber hinaus wurden all jene, die dem Paar begegneten, gebeten, der jungen Frau auszurichten, sie sollte heimkehren, es erwartete sie keine Strafe und sie würde mit offenen Armen von ihren Eltern in Empfang genommen werden.

Am Montagabend traf die Meldung ein, man habe das Liebespaar in der Gegend von Raisenmarkt spazieren gehen gesehen.

»Sie haben sich bei uns nach den markierten Wegen erkundigt, die aus dem Gebiet des Eisernen Tors zur nächsten Bahnstation führen«, gab eine Touristin bei der Polizei an. Daraus schlossen die Beamten, dass die jungen Leute mit dem Zug auf der Strecke warten hätten sie, weiterstreben hätte der Mann sollen, um bessere wirtschaftliche Möglichkeiten für einen Haushalt zu schaffen. Aber im bitteren Daseinskampf der Großstadt will niemand in die ersten Reihen dringen, unser junges Geschlecht hat Kraft und Mut verloren, und im Gefühle seiner inneren Mutlosigkeit ist es schon für ein Nichts bereit, das Leben hinzuwerfen, das ihm eine Last bedeutet.

Die einst total verfallene Prachtvilla Otto Wagners
im heutigen renovierten Erscheinungsbild – allerdings ohne Skelette!

DER MYSTERIÖSE SKELETTFUND

(1906)

A m 2. Dezember 1906 hatten sich einige Arbeiter im ehemaligen Küchengarten der Villa Hahn (Weilburgstraße 81–85)
eingefunden, um den Wurzelstock eines Ahornbaums aus-
zugraben, der bereits im Frühjahr gefällt worden war. *Schon in*
[40 Zentimetern; Anm.] *Tiefe stießen sie auf Knochenteile, denen sie
jedoch keine Bedeutung beimaßen,* berichtete die »Illustrierte Kronen Zeitung« am 4. Dezember 1906. *Erst als sie einen Totenschädel
zutage förderten, machten sie hievon beim Garteninspektor Smejkal
Mitteilung. Da der Schädel durch einen Schaufelstich zertrümmert
worden war, gebot Inspektor Smejkal den Arbeitern bei den weiteren
Grabungen größte Vorsicht, und man brachte nun den oberen Teil eines Skeletts aus der Erde.*

*Die von dem Funde verständigte Polizei entsendete den Gemein-
dearzt von Weikersdorf Dr. Raab, der konstatierte, daß die Teile des
Skeletts von einem kräftigen, ungefähr 50 bis 60 jährigen Manne stammen dürften.* [Der Tote wies zudem eine für jene Zeit auffallende
Größe von 1,76 Meter auf, und sein gut erhaltenes Gebiss zeigte
Abnutzungsspuren, wie man sie von Rauchern gerader Holzpfeifen
kannte; Anm.] *Das Gesicht der Leiche war nach unten gekehrt. Bei
dem Gerippe lag ein Rosenkranz aus gedrehten Hornflügelchen mit
einem aus Metalldraht gewundenen Kreuze und eine aus Rotmetall
gepreßte Medaille, die auf der Vorderseite die Christusfigur mit der*

Osterfahne zeigt, während auf der Rückseite, unter starker Patina, die
Madonna mit dem Kinde zu erkennen ist. Diese Arbeiten dürften aus
dem Anfange des vergangenen Jahrhunderts stammen. […] Der bereits
ausgegrabene obere Teil des Skeletts wurde einstweilen im Glashause
der Villa verwahrt, der untere Teil, der unter dem Wurzelstocke liegt
und zum Teil aus demselben hervorragt, kann erst heute ausgegraben
werden.

Die Polizei ging davon aus, dass es sich bei dem Toten, der ca.
sechs Meter vom Haus entfernt etwa 50 Zentimeter unter der Erde
verscharrt worden war, um ein Mordopfer handelte. Um die Tat zu
vertuschen und das Grab zu tarnen, hatte man an dieser Stelle einen
Ahorn gepflanzt. Anhand der Jahresringe an dessen Stamm wurde
festgestellt, dass der Baum etwa 50 bis 60 Jahre zuvor neben einigen
Sträuchern eingesetzt worden war.

Wenige Tage später konnte man in der Presse folgende Sensa-
tionsmeldung lesen: *Unweit jener Stelle im Garten der »Villa Hahn«*
in Weikersdorf bei Baden, wo, wie berichtet, das Skelett eines älteren
Mannes gefunden wurde, haben die Arbeiter vom fortgesetzten Gra-
ben noch ein zweites Skelett entdeckt, das von einem ungefähr 30jäh-
rigen, großen, kräftigen Manne stammen dürfte, so die »Illustrierte
Kronen Zeitung« in ihrer Ausgabe vom 5. Dezember 1906.

Damit erhärtete sich der Verdacht, dass es sich wahrscheinlich
um ein viele Jahre zuvor begangenes Verbrechen handelte. Einige
Badener mutmaßten auch, dass es sich um zwei an der Cholera Verstorbene aus dem Jahr 1830 handelte. Die Seuche wütete damals so
heftig in der Stadt, dass der Friedhof zu klein wurde und die Leichen
überall auf Feldern und Äckern verscharrt werden mussten. Der Küchengarten der Villa war bis Ende der 1840er-Jahre ein Weinberg
gewesen. Die Nachfahren des Eigentümers jenes Grundstücks, der
es an die Familie Duport verkauft hatte, schlossen jedoch aus, dass
dort Menschen verscharrt worden waren.

Die Beamten der Stadt Baden blieben aber ohnehin bei ihrer
Version, nur dass plötzlich statt eines Mordes zwei vorlagen und

der Aufklärung harrten, weshalb sie sich sofort mit Feuereifer an die Arbeit machten. Einige von ihnen gingen die Vermisstenfälle im relevanten Tatzeitraum durch, kamen aber zu keinem Ergebnis. Andere hörten sich bei den älteren Badener Einwohnern um, ob sich jemand an seltsame Vorkommnisse Mitte des 19. Jahrhunderts in der Gegend erinnern konnte. Unter anderen befragten sie eine alte Frau, die als junges Mädchen im herrschaftlichen Haus der Familie Duport, dem Vorgängerbau der Villa Hahn, als Dienstmädchen angestellt gewesen war. Doch diese konnte oder wollte nichts sagen, erzählte lediglich von »seltsame Beobachtungen« bei diversen gesellschaftlichen Anlässen, die jedoch in keinerlei Zusammenhang mit dem Fall standen.

Hin und wieder gab es ein paar Hinweise, die sich jedoch rasch als uninteressant erwiesen, Spuren, die sich daraus ergaben, verliefen im Sand.

Nach tagelangem Rätselraten seitens Polizei und Bevölkerung gelang es, das Geheimnis um die gruselige Entdeckung der Gebeine zu lüften.

Letztendlich lieferten die verwitterte Bekleidung sowie ein kleines Hirschhornstück den entscheidenden Anhaltspunkt: Bei den Toten handelte es sich um zwei »Rotmäntler« (durch ihre Tracht auffällige k. k. Elitetruppen der Militärgrenze, vom kroatischen kaisertreuen Adeligen Joseph Jelačić zur Niederschlagung des Wiener Oktoberaufstands geführt), von welchen 5.000 Mann am 14. Oktober 1848 hinter dem Bahnhof und auf der Braiten (Braitnerstraße 26) in Weikersdorf gelagert hatten. Über die Soldaten berichtete der Vater von Badens Altbürgermeister Johann Nepomuk Witzmann, der von 1836 bis 1845 als städtischer Polizeikommissar gearbeitet und bis 1860 zahlreiche Begebenheiten in seinem »Einschreibebuch« vermerkt hatte: *Die »Rotmäntler« gingen vielfach in die Häuser, sogar bis ins Helenental hinein, um von den Bewohnern Geld oder Wertsachen als »Angedenken« zu erbetteln. Der alte Weinbauer Rauch wurde von ihnen sogar misshandelt, als er seine Uhr nicht hergeben wollte, bis er ihrem »Wunsch« entsprach.* Es hieß damals, »die Rotmäntler besitzen eine eigene Fertigkeit im Kopfabschneiden, Bauchaufschlitzen, Sezieren, Kinderspießen, Weiberschänden, Skalpieren, Braten usw. und tragen fortwährend die zur Ausübung dieses Handwerks geeigneten Waffen und Mordinstrumente auf dem Leibe – dabei sind sie ebenso geldgierig wie die Juden.«

Der Tathergang bei der Villa wurde wie folgt vermutet: Das Gaunerduo schlich nachts zu dem herrschaftlichen Haus der wohlhabenden Familie Duport, mit dem Vorhaben, die Bewohner auszurauben. Diese hatten die Männer kommen gesehen, das Licht abgedreht und sich ängstlich in ihren Zimmern verborgen. Die Einbrecher betraten das finstere Gebäude und suchten sich alles, was ihnen gefiel, zusammen. Über die Aufteilung der erbeuteten Wertgegenstände gerieten die beiden »Rotmäntler« dann vermutlich in Streit.

Die Zeitung »Deutsches Volksblatt« berichtete über den vermuteten weiteren Verlauf des Raubzugs: *Der jüngere der beiden Männer zog seinen Handschar* [Krummdolch; Anm.] *und ging auf seinen Gefährten los. Dieser faßte sein Gewehr und schwang es gegen seinen Angreifer, der ihm den Handschar in die Brust stieß. Der ältere Rotmäntler war tödlich getroffen, hatte aber noch die Kraft, seinem Mörder den Kolben seines Gewehres so wuchtig gegen die rechte Schläfe zu schlagen, daß dieser sofort tot zusammenbrach.*

Als die Bewohner der Villa aus ihren Zimmern kamen, um vorsichtig nachzusehen, ob die Männer verschwunden waren, fanden sie die beiden Leichen. Aus Angst, die Polizei würde ihnen nicht glauben, dass die Hausleute mit der Ermordung der Männer nichts zu tun hatten, fassten sie einen geheimen Plan. Sie beschlossen, die »Rotmäntler« zu vergraben und Stillschweigen über den Vorfall zu bewahren. Vorsichtig nahmen sie den Toten die Waffen und Taschen ab, schleppten sie in den nahen Küchengarten und buddelten gemeinsam ein Loch. Als sie bemerkten, dass die eine Grube für beide Leichen zu klein war, hoben sie eine zweite aus und verscharrten die Leichen. Anschließend setzten sie noch in derselben Nacht Büsche auf die Erdhaufen, damit niemand von der Straße aus die frisch ausgehobenen Hügel entdeckte. Auch die den toten Männern abgenommenen Waffen und Taschen wurden verbuddelt.

Anschließend lebte die Familie Duport in Sorge, man könnte das Verschwinden der Soldaten bemerken und Nachforschungen anstellen, doch die beiden schienen niemandem abzugehen. Jedenfalls hat sich keiner der anderen Männer aus dem Trupp um die beiden Abgängigen gekümmert. Die Soldaten zogen weiter nach Wien und keiner von ihnen ließ sich jemals wieder in Baden sehen.

Die Leute, die als Einzige das Geheimnis der Nacht vom 14. Oktober 1848 kannten, haben dasselbe aus Furcht nicht verraten, weshalb es erst 58 Jahre später enthüllt werden konnte.

Die Villa Hahn wurde anstelle des Hauses der Familie Duport von 1885 bis 1887 nach Plänen des bekannten Architekten Otto Wagner für den Generaldirektor der k. k. österreichischen Länderbank, Samuel Ritter von Hahn, errichtet. Dieser hatte den Vorgängerbau seinem Eigentümer im Jänner 1884 um 50.000 Gulden abgekauft. Zeitgleich mit dem neuen Gebäude entstanden Gartenhaus, Glashaus, Palmenhaus, Tennisplatz und Wasserbecken sowie Kegelbahn und Grotte.

In den 1980er-Jahren wurde ein Abbruchantrag für das prächtige, aber längst verfallene Gebäude gestellt, wogegen sich eine Bürgerinitiative unter der Leitung eines Badener Architekten erfolgreich wehrte. Es gelang, die Schleifung des Hauptgebäudes zu verhindern. Auf Teilen des einst von Otto Wagner großzügig konzipierten, parkähnlichen Gartens, in dem im Jahr 1906 die Skelette gefunden worden waren, entstand 1987/88 eine Reihe von eingeschoßigen Reihenvillenbauten.

In der Villa Hahn hatte Arthur Schnitzler einst seine Tragikomödie »Das weite Land« angesiedelt.

Was in diesem Haus geschah, beschrieb eine Zeitung
mit den Worten »grässliches Martyrium eines Knaben« –
und genau das war es auch!

DIE SCHIEFGELAUFENE ABHÄRTUNG

(1910)

»ie Neue Zeitung« titelte in ihrer Ausgabe vom 27. Dezember 1910 den Mord, der zwei Tage zuvor, am Christtag, in Baden stattgefunden hatte, mit den Worten *Gräßliches Marthyrium eines Knaben* – und genau das war es auch.

Der Leidensweg des kleinen Stephan Oberreiter begann, als ihn der 32-jährige verheiratete Maurer Karl Rothaler 1908 vom Bezirksarmenrat zur Pflege bekam. Das damals einjährige Findelkind war von Anfang an kränklich und schwach, es dauerte lang, bis es gehen konnte. Der Mann lebte zum Zeitpunkt der Übernahme des Buben in Sooß, und schon bald munkelten die Nachbarn, dass er den Kleinen misshandelte. Als der Bürgermeister der Gemeinde gegen Rothaler einschritt, übersiedelte dieser mit seiner Familie nach Baden in die Haidhofstraße 20, die damals noch zu Weikersdorf gehörte. Da der unterentwickelte Knabe weiterhin nur langsame Fortschritte in der Entwicklung machte, wollte ihn sein grober Ziehvater mit Prügel und anderen Formen der Züchtigung »abhärten«. Doch dann ging er einen Schritt zu weit!

Am 26. Dezember um halb zwei Uhr nachmittags betrat Karl Rothaler das Kommissariat in Weikersdorf und zeigte sich mit den Worten »Ich hab' mein Kostkind erschlagen« selbst an. Augenblicklich wurde er in Verwahrungshaft genommen, während sich eine polizeiliche Kommission unter der Führung von Oberinspektor

Pfeiffer in die Wohnung des Mannes begab. Dort bot sich den Beamten ein entsetzlicher Anblick: Auf dem Diwan lag der dreijährige Stephan mit eingeschlagenem Kopf. Die Schädeldecke war völlig losgelöst und gab einen Blick auf das Gehirn frei, sodass von einem schrecklichen Gewaltexzess ausgegangen werden musste. Neben dem toten Kind saß die Frau des Peinigers, die am ganzen Leib zitterte und kaum ein Wort hervorbrachte. Es stellte sich später heraus, dass sie sich zum Zeitpunkt des Mordes im Zimmer befunden hatte.

Bei der Einvernahme durch Oberinspektor Pfeiffer gab Karl Rothaler an, dass er am Christtag »angesäuselt« gewesen und deshalb die Situation mit seinem Schützling aus dem Ruder gelaufen war.

»Die Neue Zeitung« berichtete, *das Kind [...] sei dann in die Küche hinausgegangen, und als er* [Rothaler; Anm.] *in die Küche nachkam, habe er alles beschmutzt gefunden. Dann habe er den Knaben ins Zimmer geführt, mit kaltem Wasser gereinigt und weil der Knabe fortwährend geweint und ihm auf sein wiederholtes Fragen, warum er weine, keine Antwort gegeben habe, sei er derart in Wut geraten, daß er dem Knaben eine Ohrfeige gab. Hiebei sei das Kind hingestürzt und liegen geblieben. Um halb 10 Uhr vormittags sei er dann sofort nach dem Vorfall vom Hause fortgegangen, in der Absicht, einen Arzt zu holen, habe sich aber die Sache anders überlegt, er sei in zwei Gasthäuser gegangen; dann habe er sich entschlossen, zur Polizei zu gehen und sich selbst zu stellen.*

Es stellte sich allerdings schon bald heraus, dass es sich bei diesen Angaben nicht einmal um die halbe Wahrheit, geschweige denn um die ganze, handelte. Die Obduktion der Kinderleiche ergab, dass der Mann seinen Ziehsohn Stephan mit einem schweren Gegenstand mehrmals auf den Kopf geschlagen haben musste, bis der Tod eintrat.

Rothalers Frau gab an, neben dem toten Kind auf ihren Gatten gewartet zu haben, nachdem dieser das Haus verlassen hatte, angeblich, um einen Arzt zu holen. Als die Polizei sie fragte, warum sie während der Misshandlung nicht eingeschritten oder wenigstens anschließend gleich zur Polizei gegangen war, gestand sie ein, Angst vor ihrem Mann und seiner Brutalität gehabt zu haben. »I hab mi ned traut, was zu tun, weil sonst hätt' er mir auch gleich eine geklescht mit seine Prank'n. Hat er eh so auch oft g'nug g'macht«, erzählte sie weinend dem Vernehmungsbeamten. »Und wie er weg'gangen is, konnt i mi ned bewegen vor Schreck und hab g'laubt, er kommt jeden Moment wieder zur Tür rein!« Schließlich verriet sie im weiteren Gesprächsverlauf, dass ihr Mann einen Holzprügel verwendet hatte, um den Knaben totzuschlagen.

Als einen Fall *unerhörter Rohheit* bezeichnete die »Illustrierte Kronen Zeitung« die Ermordung des Knaben am 27. Dezember 1910. In der Ausgabe wurde darüber berichtet, dass der schmale Körper des Kindes laut gerichtsärztlicher Untersuchung auch ältere Verletzungen aufwies.

Bei seiner Einlieferung in das Bezirksgericht Baden benahm sich Karl Rothaler bei der Einvernahme durch den Strafrichter überaus roh und musste in den Arrest abgeführt werden. Nach abgeschlossener Untersuchung wurde Rothaler in das Kreisgericht Wiener Neustadt überstellt.

Die Untat selbst und das dem Verbrechen vorangegangene Martyrium des kleinen Stephan Oberreiter erregten in ganz Baden enormes Aufsehen. Umso mehr rief die Nachricht, dass der Mörder von Stephan Oberreiter aus der Untersuchungshaft entlassen wurde, große Bestürzung und Verwunderung in der Bevölkerung hervor. Sein Verteidiger Dr. Julius Popper hatte das Unmögliche möglich gemacht und dem Mann im Jänner 1911 zur Freiheit verholfen, da bei der Obduktion des Kindes herausgekommen war, dass es an einer akuten Rippenfellentzündung gelitten hatte. Gegen Rothaler wurde nicht länger eine Anklage wegen Mordes geführt, sondern eine Untersuchung wegen des »Vergehens gegen die Sicherheit des Lebens« bzw. »fahrlässiger Tötung« eingeleitet.

Rothalers Verteidiger argumentierte, dass der geschwächte Knabe durch die Ohrfeige die Besinnung verloren und anschließend verstorben, aber nicht brutal erschlagen worden wäre. Laut ärztlichem Attest hätte der kleine Stephan aber ohnehin nicht mehr lange zu leben gehabt.

»Die Schuld von Karl Rothaler ist durch die Haft nahezu abgegolten«, hieß es abschließend seitens Dr. Julius Popper – und dieser Behauptung schloss sich das Gericht in Wiener Neustadt an und entließ den Mörder aus dem Gefängnis nach Hause.

Im Juli 1912 tauchte in der »Badener Zeitung« eine Meldung auf, wonach dem Badener Maurer Karl Rothaler die Ehrenmedaille für 40-jährige treue Dienste beim Baumeister Anton Breyer verliehen worden war.

Der bewachte Angeklagte vor dem Urteilsspruch.

SCHÜSSE VOR DEM WALDHÄUSCHEN

(1914)

Am 12. Dezember 1914 wusste die »Badener Zeitung« über folgenden Mord zu berichten: *Am 7. D. M. gegen ½ 10 Uhr abends fand sich der in Baden Sooßerberg Nr. 5* [heute Römerberg 5; Anm.] *wohnhafte Haus- und Weingartenbesitzer Ferdinand Breinschmidt in der Zentrale der städt. Sicherheitswache im Rathause ein und erstattete die Anzeige, daß er kurz vorher den im Sighartstalgraben bei Baden wohnhaften Kleinhausbesitzer und Weingartenarbeiter Anton Hinger erschossen habe. Breinschmidt, welcher diese Selbstanzeige in vollkommen ruhiger und glaubwürdiger Weise machte, wurde sofort in Haft genommen und eine gerichtliche und polizeiliche Kommission, bestehend aus dem k. k. Richter Dr. Weinzierl und dem Polizeioberkommissär Lutter unter Assistenz des k. k. Bezirksgendarmeriewachmeisters Klinger und des Wachmanns Maier an den Tatort entsendet, um den Tatbestand aufzunehmen.*

Das Wohnhäuschen des Opfers lag ganz isoliert am Waldrand im Sieghartstalgraben, von Baden kommend nördlich des Römerbergs und rechter Hand der Erzherzogin-Isabelle-Straße, und war von der Stadt aus schwer erreichbar. So dauerte es einige Zeit, bis die Vertreter der Badener Exekutive am Tatort ankamen – einem einfachen kleinen Bau, umgeben nur von einem niedrigen Lattenzaun ohne Abschlusstürchen. Schon von der Ferne sahen sie vor dem Eingang eine Gestalt liegen und vermuteten bereits, dass es sich dabei um Anton Hinger handelte. Bei näherer Besichtigung stellten die Beamten auch tatsächlich die Identität des Weingartenarbeiters fest und entdeckten zwei klaffende Wunden in der Brust des Mannes. *Die Angehörigen desselben* [darunter die hochschwangere Frau des Opfers; Anm.], *die sich aus Angst in dem Hause verborgen hielten, kamen erst über Aufforderung der Kommission heraus und gaben an, dass Hinger gegen 9 Uhr abends aus der Arbeit heimgekehrt war. Als er beim Nachtessen saß, lärmte der Haushund in auffälliger Weise, was ihn veranlaßte, Nachschau zu halten. Er trat vor die Türe und in diesem Moment krachten zwei Schüsse, die ihn sofort niederstreckten. Die Schußverletzungen waren so fürchterlicher Art, daß er jedenfalls augenblicklich tot gewesen sein dürfte. Der Täter gab selbst an, daß er den Hinger aus unmittelbarer Nähe niedergeschossen habe, was auch durch den Umstand dargetan ist, daß die Kommission noch die Kleider des Hinger in glimmendem Zustande antraf.*

In der Befragung nannte Ferdinand Breinschmidt als Motiv für seine Tat Rache. Er sagte aus, dass ihn der Weingartenarbeiter einige Zeit zuvor des Wilddiebstahls beschuldigt hatte. Die Behörden ermittelten jedoch weiter, da sie es für nicht möglich hielten, dass allein diese Bezichtigung des Opfers Auslöser für ein derart schreckliches Verbrechen gewesen sein konnte. Es ergaben sich jedoch, auch nach eingehender Recherche und Befragung der Freunde und Nachbarn beider Männer, keine neuen plausiblen Gründe für den Mord – zumindest nicht für den Mörder.

Bei Hinger, Vater von fünf kleinen Kindern, handelte es sich nämlich keineswegs um einen angenehmen Zeitgenossen. Er hatte seine siebenjährige Tochter Anna, die aus einem Findelhaus stammte, mehrfach misshandelt und am 8. Mai 1906 schließlich zu Tode geprügelt. Verraten worden war der Mann von seiner eigenen Ehefrau, Therese Hinger. Über den Vorfall berichtete die »Illustrierte Kronen Zeitung« in ihrer Ausgabe vom 7. Juni 1906: *[Die Mutter sagte bei der Polizei aus,] daß ihre Tochter Aloisia, als sie gegen 4 Uhr nachmittags nach Hause kam, erzählte, es sei gegen halb 1 Uhr nachmittags ein* schwarz gekleideter Mann in die Hütte gekommen; der habe die Anna in sterbendem Zustande getragen und sie dann mit den Worten: »Da habts euren Bankert!« auf ein Bett geworfen. Der Wachmann, dem bekannt war, daß der Mann der Hinger ein roher, gewalttätiger Mensch sei, fragte die Frau, ob nicht ihr Mann das Kind erschlagen habe. Durch diese Frage überrascht, brach sie in Tränen aus, hob flehend die Hände und rief: »Ihnen, Herr Klein, sage ich es, aber bitt' Sie, sagen Sie es niemandem, sonst erschlagt er mich! Ja, er hat's erschlagen!« Sie erzählte nun, daß er vor drei Wochen das Kind »aufgeschossen« habe und daß das Kind seit dieser Zeit leidend sei. Wachmann Klein begab sich in die Wohnung des Anton Hinger, der ihm sehr aufgeregt die Geschichte von dem schwarzen Mann erzählte. Nach Vornahme des Lokalaugenscheins durch die Gerichtskommission wurde Hinger sofort in Haft genommen.

Bei der anschließenden Untersuchung kam heraus, dass der Mann sein Töchterchen systematisch misshandelt hatte, wie die Gerichtsärzte konstatierten. Der ganze Körper des armen [und stark unterernährten] Opfers war besät mit Wunden, Abschürfungen und Beulen. [...] Am 8. Mai schlug der Vater das Kind mit einem dreieckigen Holzscheit, wohin er traf, und gab nach dieser unmenschlichen Züchtigung dem Mädchen einen so heftigen Stoß, daß es an eine Tischecke anfiel. Das Kind legte sich zu Bett und schluchzte die ganze Nacht hindurch. Am nächsten Tag starb es.

Die »Badener Zeitung« beschrieb in ihrer Ausgabe vom 12. Mai 1906 ein weiteres Detail von Annas Leidensweg: Schon vor zirka drei Wochen, so geben Nachbarn an, habe er das Kind, das ihm verhaßt gewesen sein soll, [obwohl das Mädchen, wie sämtliche Zeugen übereinstimmend aussagten, immer lieb und folgsam war,] in barbarischer Weise gezüchtigt. Seither flüchtete die Kleine immer in den Wald oder zu Bekannten und wurde von diesen oft spät abends nachhause gebracht. Dieser Umstand soll auch Anlaß zu der am Dienstag stattgehabten Züchtigung gewesen sein.

Die »Illustrierte Kronen Zeitung« berichtete am 12. Mai 1906: *Infolge der fortgesetzten Mißhandlungen sei die Kleine, die sehr schlecht genährt war, auch im Wachstum zurückgeblieben und sei so schwach gewesen, daß ihre Einschulung, die schon im Herbste des vorigen Jahres hätte erfolgen sollen, auf ein Jahr hinausgeschoben werden mußte, zumal auch die geistige Entwicklung des Kindes durch die unausgesetzten Züchtigungen von Seite des Vaters erheblich gehemmt worden sei. Die kleine Anna war, so sagte ihre Mutter, so verschüchtert und ängstlich, daß sie es nicht wagte, die Wohnstube zu betreten, wenn der Vater zu Hause weilte.*

Einige Wochen lang hatte man damals auch gegen Therese Hinger ermittelt, die insbesondere von ihrem 14-jährigen Stiefsohn Anton – zu jener Zeit wegen eines Diebstahldelikts in einer Besserungsanstalt befindlich – stark belastet worden war. Die übrigen Kinder im Alter von zwei Monaten bis zu sechs Jahren hatten sich in jener Zeit bei Mitgliedern der Gemeinde Weikersdorf in privater Pflege befunden.

Gegen die Mutter […] wurde das Strafverfahren bald eingestellt, so die »Illustrierte Kronen Zeitung« in ihrer Ausgabe vom 7. Juni 1906, da sich ergab, daß sie sich früh und spät für ihre Kinder sorge. Hinger aber, ein gewalttätiger Trunkenbold, ließ seine Familie darben. Er wurde bereits wegen Mißhandlung seiner Frau und Kinder bestraft. Die Frau hatte damals den Gatten verlassen und war später zurückgekehrt.

Bereut hatte der Vater seine Tat nicht, wie man in einem Verhandlungsprotokoll nachlesen konnte (veröffentlicht von der »Illustrierten Kronen Zeitung« am 7. Juni 1906): *Der Angeklagte, ein stämmiger, untersetzter Mann mit rohem Gesichtsausdruck, wird von Dr. Winkler verteidigt. Auf die Frage, ob er sich schuldig bekenne, sagt der Angeklagte mit fester Stimme: »Nein! Ich bin vollständig unschuldig! […] Ich habe immer Geld hergegeben. Die Frau kann die Kinder nicht leiden und hat sie immer geschlagen.« […] Er habe die Kinder nicht mißhandelt, sondern nur gezüchtigt, wenn sie es verdienten.*

Anton Hinger war für diese Tat vom Schwurgericht in Wiener Neustadt zu vier Jahren schweren Kerkers, verschärft durch einen vierteljährlichen Fasttag und Dunkelhaft an jedem 8. Mai, verurteilt worden. Acht Jahre später wurde der brutale Weingartenarbeiter vor seinem Haus am Waldrand von Baden ermordet und der Täter nach Abschluss der polizeilichen Erhebungen dem k. k. Bezirksgericht Baden überstellt. Bezüglich des konkreten Motivs tappte die Polizei weiterhin im Dunklen.

Im Februar 1915, also kaum zwei Monate nach dem Verbrechen, ging ein überraschtes Raunen durch die Badener Bevölkerung. Die Presse meldete nämlich, dass die Exekutive die Untersuchungen gegen Breinschmidt eingestellt hatte. Der Mann, der am 7. Dezember des Vorjahres aus Rache Anton Hinger im Beisein von dessen Familie erschossen hatte, war aus der Haft entlassen worden.

Den Grund für diese vorerst absurd erscheinende Entscheidung des Gerichts erfuhren die Einwohner der Kurstadt erst viel später. Im November 1916 stand nämlich in der Zeitung, dass sich der Hausbesitzer und Weinhauer Ferdinand Breinschmidt am 1. des Monats den Hals durchgeschnitten und sich dabei tödliche Verletzungen zugezogen hatte. Nun gab es keinen Zweifel mehr daran, dass der Mörder des Anton Hinger über eineinhalb Jahre zuvor aufgrund einer diagnostizierten Geistesverwirrung auf freien Fuß gesetzt worden war.

Die heutigen Gemeindebauten.

Die Baracken zur Zeit ihrer Entstehung während des
Ersten Weltkriegs.

MUTTER UND FRAU – EIN WEITERES OPFER

(1924)

Wie auch heute wieder viel zu oft den Medien zu entnehmen ist, sind häufig Frauen zu Tode gebrachte Opfer – meist ermordet von ihren Lebensgefährten, Ehemännern oder ehemaligen Partnern. Dass diese heute wieder stark steigende Tendenz bereits vor 100 Jahren durchaus nichts Ungewöhnliches war, wird durch einen von vielen Fällen bestätigt.

Die Tat geschah an einem Montagvormittag des Jahres 1924, genauer gesagt am 8. September, in den Baracken, die mitten im Ersten Weltkrieg für Militärangehörige und Kriegsgefangene in der Vöslauer Straße 70 errichtet worden waren. Diese Holzhütten, die man damals für eine zeitweilige Nutzung schnell aus dem Boden gestampft hatte, sind nach dem Krieg als Armenquartiere für die vielen durch den Krieg ihrer Existenzgrundlage Beraubten ein neues Heim geworden. Wobei »Heim« wohl nicht das richtige Wort ist, vielmehr stellten die Häuser ein notdürftiges Dach über dem Kopf dar. Der schlechte Ruf dieser Elendsquartiere, auf deren Grund sich heute Gebäude mit Gemeindewohnungen befinden, war auch weit über die Stadtgrenzen hinaus verbreitet. So ist zum Beispiel der Chef der Deutschen Luftwaffe, Hermann Göring, im Jahr des Anschlusses 1938 an diesen Ort geführt worden, um ihm zu zeigen, wie schlimm die sozialen Verhältnisse in Österreich sind und was sich nun durch die Vereinigung mit dem Deutschen Reich verbessern sollte. Doch die Baracken blieben. Auch der langjährige Badener Bürgermeister Viktor Wallner hat seine Kindheitsjahre in diesen Häusern verbracht. Dieser Umstand hat maßgeblich dazu beigetragen, dass man den Schandfleck einer sozialen Gesellschaft schließlich beseitigte und leistbaren Wohnraum schuf.

Doch so weit war es im Jahr 1924 noch nicht. Mitten in den Krisenjahren nach dem Ersten Weltkrieg, in denen die Inflation bereits so hoch war, dass man sogar beim Kartenspielen Milliarden Kronen verlieren konnte, wussten die vielen unter der Armutsgrenze Lebenden nicht, wie sie ihr tägliches Dasein fristen sollten.

Josef Verosta, der mit seiner Frau Elise und zwei Kindern in dieser Barackensiedlung in der Vöslauer Straße lebte, hatte seit dem Kriegsende 1918 keine Arbeit mehr. Der Elektrikergehilfe besaß also keine Einkünfte und zwang seine Gattin, die als Badedienerin im Johannesbad ein wenig Geld verdiente, ihren Lohn abzugeben, damit er sich etwas zu trinken kaufen konnte. Auch wenn sie ihm die notwendigen Kronen für den Alkohol verweigerte, wusste er sich durch Gewaltandrohung diese doch noch zu verschaffen. Dass die beiden Kinder, vier und zehn Jahre alt, eine schreckliche und entbehrungsreiche Kindheit haben mussten, ist wohl anzunehmen.

Verosta soll zuvor als Soldatenrat nach dem großen Völkerschlachten eine Funktion im hiesigen Garnisonsspital – dem Peterhof – ausgeübt haben. Zudem handelte es sich bei ihm angeblich um einen der radikalen Umstürzler in den Novembertagen 1918, als das alte Habsburgerreich in sich zusammenbrach. Aber auch in diesen Kreisen, bei denen eigentlich ruppiges Verhalten durchaus dazugehört hatte, war er wegen seines rüden und »ungehörigen« Benehmens seines Postens enthoben worden.

Auch die Badener Polizei kannte den 37-Jährigen ganz gut, weil er im Rausch nur allzu oft gewalttätig wurde.

So erfuhren es die Sicherheitsorgane auch umgehend, als er einige Wochen vor der Tat zu einem Säbel kam, den sie ihm sofort wieder abnahmen, weil zu befürchten war, dass er damit Unheil anrichten könnte.

»Wenn Sie mir auch den Säbel genommen haben, werde ich mir schon wieder eine andere Waffe verschaffen«, soll er gesagt haben. Und genauso kam es dann auch. Verosta besorgte sich ein Bajonett, das aus dem Bestand der ehemaligen k. u. k. Armee, die ja dreieinhalb Millionen Militärpersonen umfasst hatte, stammte und in übergroßer Stückzahl vorhanden war. Auch wurde erzählt, dass er es wenige Tage vor dem Unglück noch hätte scharf schleifen lassen.

An dem verhängnisvollen Tag ergab sich Josef Verosta in seiner bescheidenen Wohnung schon wieder bereits am Vormittag dem Suff. In derselben Baracke lebte auch Frau Pieringer. Mit ihr und ihren beiden Söhnen entbrannte im Laufe des Vormittags eine Diskussion. Deren Ursache war wohl das verbale Einschreiten gegen Verostas Verhalten, der wieder einmal seine Frau attackierte. Auch die ebenfalls in dem Haus wohnende Partei Petzwinkler, die durch das Hämmern des betrunkenen Verosta mit der Faust auf die Wand zwischen seiner Wohnung und jener der Familie Pieringer aufgeschreckt wurde, war in diesen Disput involviert. Jedenfalls eskalierte der Streit zusehends, was Frau Pieringer und ihre Söhne dazu brachte, vor die Tür des Tobenden zu kommen und ihn zur Ruhe zu bringen. Zwischendurch versuchte auch Elise immer wieder, Josef zu besänftigen, was ihr jedoch nicht gelang und sogar dazu führte, dass ihr Gatte sie würgte. Die beiden Brüder Pieringer, die ihre Mutter unterstützten, hielten endlich die Hände des in Rage befindlichen Arbeitslosen, der auf die ältere Frau losgehen wollte, fest und drängten ihn in den am Gang befindlichen Abort. Verosta stieß nun gegen die Mutter gefährliche Drohungen aus, konnte sich schließlich losreißen und in seine Wohnung zurücklaufen. Von dort kam er augenblicklich mit dem scharfen Bajonett retour und wollte sich damit auf Johann Pieringer, einen der beiden Söhne, stürzen, der neben Elise Verosta stand. Als er wild mit der Waffe zustach, traf der Tobende aber nun seine Frau so unglücklich in die rechte Brustseite, dass am

Ende keine Rettung mehr möglich war. Die zwei Jahre ältere Gemahlin des 37-Jährigen schleppte sich noch bis zur Barackentür, wo sie auf einem Erdhaufen zusammenbrach und nach wenigen Sekunden verstarb. Verosta soll nach Angaben von herbeigeeilten Anwohnern zu dem anderen Sohn der Frau Pieringer gesagt haben:»Das war für deinen Bruder Hansl bestimmt, aber leider habe ich meine arme Liesl getroffen!« Auch wurde behauptet, der Täter hätte das Bajonett aus dem Leib seiner Frau gezogen, es bedächtig in die hölzerne Barackenwand gespießt und sich seelenruhig eine Zigarette angezündet. Angeblich zog eine Nachbarin dann die Stichwaffe aus der Wand und lief damit davon. Verosta nahm daraufhin die Verfolgung auf, war aber nicht in der Lage, sie einzuholen. Er ging anschließend wieder zu seiner toten Frau zurück und trug sie mit einem Nachbarn in die Wohnung. Nach anderen Angaben wurde die im Sterben Liegende von zwei anderen Männern auf ein Sofa gelegt, wo sie erst ihr Leben aushauchte. So und ähnlich lauteten unterschiedliche Versionen, die nach der Tat in der Baracke kursierten.

Tatsächlich konnte Verosta im ersten Augenblick gar nicht realisieren, was er getan hatte. Erst nach einiger Zeit, als er seine blutüberströmte Frau am Boden liegen sah, rief er komplett gebrochen aus: »Meine arme Liesl, dir war es nicht vermeint, sondern dem Pieringer!«

Die zwischenzeitlich verständigte Stadtpolizei kam mit Fahrrädern angebraust und versuchte, den gewalttätigen Gatten festzunehmen. Dieser wehrte sich zwar heftig, wurde aber gefesselt und in weiterer Folge auf das Bezirksgericht und dann auf das Kreisgericht Wiener Neustadt gebracht.

Die bereits zwei Tage später beerdigte Elise hat man allgemein als sehr brave Frau und außerordentlich gute Mutter beschrieben. Die beiden Kinder waren jetzt Halbwaisen, wobei der Vater schon bald für geraume Zeit ins Gefängnis gehen musste. Es taten sich also einige Badener zusammen, die sich die Verantwortung für die Minderjährigen teilen wollten.

Im Juni des folgenden Jahres war es dann so weit. Vor einem Schöffensenat unter dem Vorsitz des Oberlandesgerichtsrats Dr. Schulhof wurde der Prozess gegen den Mörder geführt. Angeklagt war dieser wegen versuchter schwerer körperlicher Beschädigung, Gefährdung der körperlichen Sicherheit des Lebens, gefährlicher Drohung, öffentlicher Gewalttätigkeit und Übertretung des Waffenpatents. Der Wiener Verteidiger Dr. Bondy hatte also eine Vielzahl an Anschuldigungen seitens des Staatsanwalts Dr. Hirsch abzuwehren. Verosta erklärte, dass er sich zwischen dem Verlassen der Branntweinschänke des Leopold Schilcha in der Neustiftgasse, die er an jenem Vormittag aufgesucht hatte, um drei sechzehntel Liter Rum zu trinken, und dem Zeitpunkt, an dem er seine Gattin am Boden liegen sah, an nichts mehr erinnern konnte.

Es wurden dann die widersprüchlichen Gutachten, die Zurechnungsfähigkeit zur Tatzeit betreffend, ins juristische Gefecht geführt. Man stellte jedenfalls fest, dass der Angeklagte schwerer Alkoholiker und »moralisch minderwertig« wäre, der Rum-Konsum aber für einen »Profi« vom Schlage Verostas keine rauschbedingte Unzurechnungsfähigkeit bedingen könnte. Die einvernommenen Zeugen sagten aus, dass der Mann trotz der häufigen Streitereien, zu welchen es aufgrund der Räusche immer wieder gekommen war, seine Frau sehr gern gehabt hätte.

Das Urteil lautete letztendlich auf 18 Monate schweren Kerkers, von denen er zum Zeitpunkt des Verdikts bereits die Hälfte als Untersuchungshaft abgebüßt hatte.

Dass just um fast dieselbe Uhrzeit der Bluttat eine Bewohnerin derselben Barackensiedlung in der Vöslauer Straße 70 ganz in der Nähe ihres Wohnorts Wehen bekam und gleich darauf mitten auf der Straße ein kleines Mädchen zur Welt brachte, ist wohl eine besondere Ironie des Schicksals – oder?

Baden b/ Wien
Kurpark, Bienenburg

phot. Rina
2323

Idyllisch – aber tödlich!

TATORT KURPARK

(1930)

Es war Freitag, der 6. Dezember 1912, kurz nach viertel zehn Uhr nachts, als der Kammerdiener August Kirchner bei seinem Spaziergang durch den menschleeren unteren Kurpark plötzlich drei laute rasch aufeinanderfolgende Schüsse vom Berg vernahm. Kurz darauf kam ihm ein junger Mann entgegengelaufen, der ihn atemlos und am gesamten Körper zitternd nach der Polizei fragte. Er behauptete, soeben ein Mädchen umgebracht zu haben. Kirchner führte den mutmaßlichen Mörder zur nächsten Wachstube, wo dieser erneut von dem Verbrechen berichtete und den Beamten seinen sechsläufigen Revolver aushändigte. Bei der sofort eingeleiteten Nachschau im Kurpark fanden die ausgeschwärmten Ermittler tatsächlich nächst einer Bank am Horaweg eine tote junge Frauensperson mit stark blutenden Wunden am Boden liegend vor. Bei dem Täter handelte es sich um den in Suczawa (damals Österreich, heute Rumänien) geborenen 24-jährigen Philipp Reiß, Hörer der Rechte im achten Semester an der Universität in Czernowitz (damals bei Österreich, heute in der Ukraine). Das Opfer war die 19-jährige, in einer Fabrik beschäftigte Kontoristin Olga Beregszaszy, die Reiß im Frühjahr kennen und lieben gelernt hatte.

Der junge Mann gab bei der Befragung an, er hätte dem auf der Bank sitzenden Mädchen zwei Mal in die Brust geschossen und noch einmal auf ihre Schläfe gefeuert, nachdem sie auf den Boden gerutscht war und sich dort schreiend herumgewälzt hatte. »Ich wollte sie unbedingt heiraten«, schluchzte er anschließend, »aber meine Eltern waren dagegen. Sie drohten, mir jede Unterstützung zu versagen, wenn ich nicht von Olga lasse. So beschlossen wir, gemeinsam zu sterben. Wir sind zusammen nach Baden gefahren, und sie hat im Zug mit dem Revolver gespielt und mir auf der Brust gezeigt, wohin ich zielen muss. Dann sind wir in den Kurpark gegangen. Als sie dann auf der Bank saß und rief: ›Nun schieß endlich‹, hab ich es getan. Ich wollte mich dann selbst richten, konnte es aber nicht.«

Auf der Badener Wachstube erschienen in rascher Folge der k. k. Bezirksrichter Dr. Walter sowie der Arzt Dr. Raab. Die beiden Männer begaben sich sofort zum Horaweg, wo der Mediziner offiziell das Ableben der jungen Frau feststellte. Die Leiche wurde in die Totenkammer des städtischen Friedhofs gebracht, der Student ins Bezirksgericht in Wiener Neustadt eingeliefert.

In der Verhandlung am 13. März 1913 sagte der Bruder des Täters, Finanzkommissär Dr. Jakob Reiß, aus, dass Olga einen schlechten Einfluss auf Philipp gehabt und ihn am Studieren gehindert hätte. Die junge Frau sollte laut Leumundszeugnis in Czernowitz auch tatsächlich ein lasterhaftes Leben geführt und sogar schon ein Kind geboren haben. In einem Brief, der im Prozess zur Verlesung kam, erteilte Olga ihrem Freund die Erlaubnis, sie zu erschießen. Dennoch sprachen die Geschworenen Philipp Reiß einstimmig des Mordes für schuldig und verurteilten ihn zum Tod durch den Strang. Nach einer Nichtigkeitsbeschwerde seitens der Verteidigung durch Dr. Gustav Löwe, der eine vom Psychiater attestierte Sinnesgestörtheit des Angeklagten zum Zeitpunkt der Tat einbrachte, wandelte man die Strafe in einen zehnjährigen Kerker-Aufenthalt um. Der neue Anwalt des jungen Mannes, Dr. Richard Preßburger, suchte daraufhin um Wiederaufnahme des Verfahrens an, der stattgegeben wurde. Vor einem Ausnahmegericht erging dann der Freispruch. Anschließend hob jedoch der

Oberste Gerichtshof dieses Urteil wieder auf und ordnete einen neuen Prozess beim Wiener Landesgericht an.

Am 23. August 1915 berichtete die »Badener Zeitung«, dass der junge Mann mittlerweile eingerückt wäre und an der Front gegen den Feind kämpfte – frei nach dem Motto »Krieg als Sühne«. Er unterstand dem Landesdivisionsgericht, bei welchem sein Verteidiger mit Rücksicht auf braves Verhalten im Feld ein Abolitionsgesuch eingebracht hatte, damit sein Mandant bald endgültig freigesprochen werden würde.

Noch ein Tötungsdelikt, das ebenfalls in Mord und Selbstmord enden sollte, fand am Sonntag, den 11. Mai 1930 statt. An diesem Tag fuhr der 29-jährige Fleischhauergehilfe Karl Kaltner mit seiner 30-jährigen Gattin Gabriele aus Wien nach Baden, um dort einen gebilligten Mord und anschließend Selbstmord zu begehen. Mit dabei führte er zwei Fleischermesser.

In der Kurstadt angekommen, nahmen die beiden Eheleute zuerst eine Jause ein, gingen anschließend in die Kirche, besuchten die Abendvorstellung im Beethovenkino (heute Cinema Paradiso) und nachtmahlten dann im Restaurant Franz Kubelka, das sich im Kurhaus (heute Casino) befand. Danach gingen sie gegen ein Uhr nachts in den Kurpark und marschierten in Richtung Rudolfshof. Am Bienenteich blieb der Mann stehen, versetzte seiner Gattin mit einem der beiden mitgeführten Fleischermesser einen Stich in die Herzgegend und fügte sich danach mit dem anderen selbst leichte Schnittwunden an der Brust zu. Er ließ die Frau im Blute liegen und eilte davon, nachdem er ihr Gesicht mit seiner Aktentasche bedeckt hatte.

Nach Mitternacht erschien er im Weinhaus Gruber in der Beethovengasse, wo er ein paar Viertel Wein trank und den Gästen sowie dem Personal durch sein verstörtes Verhalten und die dunkelroten Flecken auf seiner Kleidung auffiel. Er ließ sich zwei Musikstücke vorspielen und weinte dabei heftig. Der Kellner brachte den Mann, der nach dem Alkoholkonsum regelrecht apathisch geworden war, in die Polizei-Wachstube ins Rathaus, wo er schon nach kurzer Befragung ein Geständnis ablegte. Er behauptete, er hatte sich und seiner Gemahlin noch einen letzten schönen Tag machen wollen, ehe sie zusammen in den Tod gingen. Als Grund gab er an, dass sie krank war und das Paar daher keine Kinder bekommen konnte.

Kaltner musste die Beamten nach dieser ersten Einvernahme zum Tatort führen, was sich aufgrund seiner mangelnden Ortskenntnisse und des berauschten Zustands jedoch als äußerst schwierig herausstellte. Erst gegen vier Uhr morgens wurde die mittlerweile verstorbene Frau gefunden, bei deren Anblick Kaltner von Weinkrämpfen geschüttelt zusammenbrach. Er beteuerte, dass er sich in der Weinstube nur Mut antrinken und danach zur Leiche seiner Gemahlin zurückkehren hatte wollen, um sich auch selbst zu entleiben. Man hat den Mann verhaftet und an das Kreisgericht Wiener Neustadt überstellt.

Zugleich wurden die Angehörigen der Toten informiert, die entsetzt angaben, dass Gabriele bestimmt nicht lebensüberdrüssig gewesen war. Von Problemen in der Ehe wollten sie auch nichts bemerkt haben. Die Realität sah aber ein bisschen anders aus: Gabriele Göbel lernte Karl Kaltner im Jahr 1925 kennen, der trotz seines erst geringen Alters von 24 mit beiden Beinen fest im Leben stand und in der Fleischfabrik St. Marx in Wien gutes Geld verdiente. Zwei Jahre später zogen die beiden im Haus von Gabrieles Eltern in der Lienfeldergasse 47 zusammen und wirkten sehr glücklich. Jedoch plagte den Mann, der im Krieg verschüttet worden war, ein nicht ausgeheiltes Nervenleiden. Er begann zu trinken und gab viel Geld für Wirtshausbesuche aus, was ihm seine Frau während seiner tränenreichen Entschuldigungen nach durchzechten Nächten stets verzieh. Die Folge für Gabriele war ein nervöses Magenleiden, unter dem sie tageweise so stark litt, dass sie kaum etwas essen konnte. Die von Kaltner angegebene Krankheit seiner Gattin erwies sich dann zwar als unangenehm für die Betroffene, aber zugleich auch als relativ harmlos und hatte keinen Einfluss auf die Empfängnisfähigkeit. Die Behörden, von Anfang an schon skeptisch in Bezug auf die Aussage des Gatten, zweifelten immer mehr an dessen Darstellung. Die Staatsanwaltschaft kam schließlich zu der Ansicht, dass der Ehemann wahrscheinlich einen vorbedachten Mord begangen hatte, um sich der Frau zu entledigen.

Es stellte sich die Frage, ob der Fleischhauergehilfe, der schon einmal in Steinhof interniert gewesen war, in einem Anfall von Geistesstörung gehandelt hatte. Auf Antrag seines Verteidigers Dr. Richard Ehrenhaft brachte man Kaltner im Juli in die psychiatrische Beobachtungsstation des Professors Dr. Pötzl nach Wien, wo er für geisteskrank und seiner Tat nicht verantwortlich erklärt wurde. Das Gericht stellte die Untersuchung wegen Mordes ein und ließ den Mann in einer geschlossenen Heilanstalt internieren. Schon fünf Jahre später wurde er entlassen. Er lernte eine Frau kennen, die er heiratete und mit welcher er ein Kind bekam.

Am 16. März 1935 verließ der Gattenmörder seine Wiener Wohnung in der Hainburger Straße 53 und kehrte nicht mehr zurück. Er ging mit Arbeitskollegen in ein Café in der Schlachthausgasse, verließ das Lokal gegen sieben Uhr abends und galt anschließend als vermisst. Man beschrieb ihn als mittelgroß, bartlos, mit guten Zähnen und dunklem, schütterem Haar. Bekleidet war er zum Zeitpunkt seines Verschwindens mit einem grauen Rock, Fleischhauerschürze und sogenannten Brückenstiefeln. Ein Arm wies eine Tätowierung auf, die verschiedene Schlachtergeräte darstellte.

Am 13. Mai fischte ein Patrouillenboot bei Hainburg die Leiche des Mannes, der fünf Jahre zuvor seine Ehefrau in Baden am Bienenteich erstochen hatte, aus der Donau. Es lag zweifellos Selbstmord vor.

Ebenso im Jahr 1930 und ebenso im Monat Mai ereignete sich im Kurpark ein weiteres Verbrechen – an einem herrlichen Frühlingstag, genauer gesagt am 18. des Monats. Der Weinbauerssohn Franz Pagler aus Sooß ging in der Einöde bei Pfaffstätten spazieren und beschloss, nach einer längeren Strecke Fußmarsch durstig geworden, in eine Wirtschaft einzukehren. Nachdem er das Gasthaus des Franz Mayer betreten hatte, sah er an einem der Tische den ihm bekannten Chauffeur Franz Strobl sitzen, neben ihm dessen Arbeitskollegen Eduard Fischer. Die beiden luden den Wanderer ein, Platz zu nehmen, und kurz darauf war man in ein angeregtes Gespräch vertieft. In demselben Lokal befanden sich zu jenem Zeitpunkt auch der 20-jährige Hilfsarbeiter Karl Gamauf aus Sooß sowie dessen Zwillingsbruder und zwei Mädchen.

Nach ein paar kühlen Getränken machte sich Franz Pagler mit den beiden Chauffeuren auf den Weg zum Badener Kurpark. Kurz darauf verließen auch die Brüder Gaumauf mit ihrer weiblichen Begleitung das Lokal und schlugen dieselbe Richtung ein.

Unweit des Mautner-Markhof-Pavillons in der Nähe des Rudolfshofs kam es zum Aufeinandertreffen der beiden Grüppchen. Im Vorübergehen streifte Josef Gamauf Franz Pagler, ohne sich dafür zu entschuldigen. Es entbrannte ein Streit zwischen den anwesenden Personen, in dem schon bald Josefs Bruder Karl die lauteste Rede schwang. Nach einiger Zeit des Hin und Hers beschlossen die meisten der Anwesenden weiterzugehen. Zurück blieben die Kontrahenten Franz Pagler und Karl Gamauf. In dem folgenden heftigen Wortwechsel zog Gamauf sein Messer und versetzte seinem Gegenüber einen Stich in den Unterleib, woraufhin dieser sofort die Flucht ergriff. Blutend schloss er zur Gruppe seiner Bekannten auf, wurde von den Männern in den unteren Kurpark geschleppt und von dort zum Krankenhaus gebracht. Trotz der fachkundigen Bemühungen der diensthabenden Mediziner konnte das Leben des jungen Mannes nicht gerettet werden. Franz Pagler verstarb eine Woche nach dem tätlichen Angriff am 24. Mai.

Die Leichenöffnung zeigte, dass mit der Waffe nicht nur die Bauchwand durchtrennt, sondern auch der Darm schwerwiegend verletzt worden war. Die folgende akute Bauchfellentzündung hatte eine Darmlähmung verursacht und zur Herzlähmung geführt.

Der Beschuldigte, der nahezu unmittelbar nach dem Angriff verhaftet wurde und sich sofort als vollkommen nüchtern bezeichnete, erzählte zu seiner Verteidigung eine abenteuerliche Geschichte: »Auf dem Weg sind plötzlich drei Männer aus dem Gebüsch gesprungen, haben sich mein Mädchen gegriffen und gerufen: ›Jetzt haben wir das, was wir für heute brauchen!‹ Einer davon war Pagler. Meine Freundin konnte sich losreißen und ist davongelaufen, woraufhin sich der Kerl auf mich stürzte. Er hat mich bei der Gurgel gepackt und gesagt: ›Auf dich habe ich es eh schon lange scharf, heute bist du erledigt, heute hast du keinen Zeugen im Wald.‹ Pagler hat dann in seine Rocktasche gegriffen und einen Revolver hervorgeholt. Ich bekam große Angst, abgeknallt zu werden, sodass ich mein Messer zog und mich verteidigte. Dabei kam es zu der Verletzung. Das war Notwehr!«

Die Beamten der Badener Stadtpolizei erhoben im Zuge ihrer Ermittlungen bei der Schule Auskünfte über Karl Gamauf und erfuhren, dass es sich bei dem Beschuldigten um einen verschlossenen, trotzigen Buben gehandelt hatte. In seiner Heimatgemeinde galt er als äußerst frecher, gewalttätiger, verrohter und arbeitsscheuer Mensch, den selbst in seinen eigenen Kreisen niemand mochte. Vom Hass auf Pagler getrieben, hatte er gegen denselben schon mehrmals Drohungen ausgesprochen. Da beide Männer aus Sooß stammten, kannten sie sich schon lange.

Ganz anders der Ermordete, dem nur der beste Leumund ausgestellt wurde. Der Weinbauerssohn war ein unbescholtener, fleißiger und beliebter junger Mann gewesen, Obmann beim katholischen Volksbund, den jeder gemocht hatte.

Während der Verhandlung am Schwurgericht Wiener Neustadt am 20. November 1930 sagten sämtliche Zeugen der Anklage aus, dass dem Streit kein Angriff auf eines der Mädchen vorangegangen war. Die Freundin des Beschuldigten machte vage Angaben und behauptete schließlich, dass die andere Gruppe gestänkert hätte, weshalb ihr Partner möglicherweise doch in Notwehr gehandelt haben könnte. Zuletzt gaben die ermittelnden Beamten an, dass laut ihrer Feststellung der Verstorbene nie einen Revolver besessen hatte.

Karl Gamauf wurde am 20. November 1930 dennoch lediglich wegen Totschlags zu zwei Jahren schweren Kerkers verurteilt.

Zu einem weiteren Verbrechen im Kurpark, das im Jahr 1982 geschah, siehe Seite 179 ff.

Ein wunderschönes, beschauliches Jugendstilhaus –
einst Ort einer Bluttat.

»MACHT'S MIT MIR, WAS IHR WOLLT'S!«

(1931)

In einem heute wunderschön renovierten Jugendstilhäuschen in der Schützengasse 11 hat sich vor ziemlich genau 90 Jahren ein grausiges Familiendrama abgespielt.

Wie es auch in der Gegenwart immer wieder vorkommt, wurde die Frau das Opfer ihres geschiedenen Gatten. Und der gemeinsame Sohn, ein junger Bub, musste die Bluttat mitansehen und wird dieses Trauma wohl nie ganz losgeworden sein.

Am 17. November 1931 – es war ein Dienstag – verlor Therese Graf in jenem Haus in der Schützengasse 11 das Bewusstsein, um es nie wieder zu erlangen. Das Drama begann allerdings schon weit früher, nämlich als sie und ihr Ehemann Stephan sich scheiden ließen. Trotz der schon einige Zeit zurückliegenden Trennung näherte sich der beschäftigungslose Kutscher und Hilfsarbeiter immer wieder seiner ehemaligen Familie und versuchte, den Kontakt möglichst nah aufrechtzuerhalten. Therese ließ es zu, wohl auch, um dem gemeinsamen neunjährigen Sohn den Vater nicht vollständig zu entfremden. Bei den Besuchen kam es jedoch immer wieder zu Streitereien. Graf war ein extrem eifersüchtiger Mensch, was wohl auch mit ein Grund für die Trennung gewesen sein dürfte.

Am Montag, dem 16. November, durfte der Kutscher sogar bei seiner Ex-Frau übernachten. Anstatt abends in seine Wohnung in der Braunstraße 16 zurückzukehren, erhielt er die Erlaubnis von

Therese, bei ihr und dem kleinen Walter, sogar im selben Zimmer, zu schlafen.

Doch die Eifersucht, die den bereits mehrfach Vorbestraften immer wieder befiel, sollte auch in den folgenden Stunden wieder der Anlass eines heftigen Streits werden. Graf warf Therese nicht zum ersten Mal Untreue vor. Die Geschiedene meinte zwar, ihm keine Rechenschaft zu schulden, aber sie würde ihm doch, um des lieben Friedens willen, versichern, kein Verhältnis zu haben. Zuerst schien es, als ob sich Graf beruhigen würde. Er begab sich auf sein Nachtlager, und Therese nahm daraufhin wohl an, sich jetzt furchtlos neben ihn ins Bett legen zu können. Wiewohl sie sicherlich kein gutes Gefühl gehabt haben dürfte, mit diesem aggressiven Mann in einem Zimmer zu schlafen. Und tatsächlich, die Situation eskalierte. Der Hilfsarbeiter stand plötzlich auf, nahm sein Taschenmesser, das er aus der Rocktasche geholt hatte, und stach mehrfach auf seine Ex-Frau ein. Laut des Sohns soll er die Worte: »Jetzt erstich ich dich!« geschrien haben, als er sich auf die Wehrlose stürzte. Über die Verletzungen gibt es unterschiedliche Angaben. Einmal berichteten die Zeitungen, dass es drei Stiche in den Unterleib und einer in die Herzgegend gewesen wären, ein anderes Mal, dass der Mann seiner Frau zwei tiefe Wunden im Unterleib und eine im linken Oberschenkel, bei dem die Hauptschlagader verletzt wurde, zugefügt hatte. Dass letztendlich die Einwirkung auf die Arterie zum Tod führte, darin waren sich die Journalisten aber einig. Nach genauerer Untersuchung stellte sich heraus, dass der Tobende seiner Gattin sogar sieben Stiche beigebracht hatte. Als das Schlimmste an dem Blutrausch des rasenden Mannes erwies sich jedoch, dass der kleine Bub, der sich ja im selben Zimmer aufhielt, diesen hatte mitansehen müssen. Er war nämlich durch die lauten Schreie der Mutter aufgewacht und dürfte in eine Art Schockzustand verfallen sein.

Graf verließ jedenfalls unmittelbar nach der Tat das Haus und ging verwirrt in der Stadt umher. Zwischenzeitlich lief auch das Kind auf die Straße, das vorher noch das Mordwerkzeug in die Tischlade versteckt hatte. Doch der Bub war so verstört, dass er, als er von Passanten aufgehalten und befragt wurde, kein Wort herausbrachte. Offensichtlich kannten diese Leute aber den Buben und brachten ihn deshalb zurück zur Schützengasse 11, ohne allerdings das Haus zu betreten. Sonst wären sie auf die verletzte Therese Graf gestoßen, die sich mit letzter Kraft aus der Wohnung schleppen wollte, jedoch in der Küche zusammenbrach und dort in einer gewaltigen Blutlache bewusstlos liegen blieb.

Es ist wohl nicht einfach zu sagen, ob das Leben der 40-Jährigen (nach anderen Angaben 42-Jährigen) zu retten gewesen wäre, hätten die Leute sie gefunden und unmittelbar danach einen Arzt gerufen.

Der um ein Jahr ältere Ex-Mann des Opfers irrte währenddessen weiter planlos durch die Stadt, bis er völlig entkräftet und erschöpft nicht mehr weiterwusste. Die Zentralwachstube der Badener Stadtpolizei war dann sein nächstes Ziel. Gegen neun Uhr vormittags stellte er sich dem Rayonsinspektor Folie mit den Worten: »Ich weiß nicht, was ich ʼtan hab! Ich glaubʼ, ich hab meiʼ Frau derschlagʼn, ich stellʼ mi selbst! Machtʼs mit mir, was ihr wolltʼs!« Die folgende Befragung des bereits als Raufbold Amtsbekannten, der den Invalidenstatus besaß, führte Polizeioberkommissär Klinger durch. Als dieser vernahm, was ihm Graf gestand, hat er ihm nicht sofort geglaubt und den Mann für geistesgestört befunden. Doch recht bald dürfte den Beamten doch Sorge erfasst haben, dass an der Geschichte etwas Wahres dran sein könnte. Sowohl die Stadtpolizei als auch die Gendarmerie rasten daraufhin in die Schützengasse. Als sie in dem Zimmer, das sich im Dachboden des Hauses befand, die Bewusstlose sahen, organisierten sie sofort die Rettungsgesellschaft. Es werden wohl dramatische Minuten gewesen sein, in welchen sich sowohl die Polizisten als auch die eingetroffenen Männer der Rettung bewusst waren, dass es auf jede Minute ankommen könnte, um ein Leben zu retten. Man muss auch bedenken, dass sich der kleine Bub allein mit seiner Mutter, die in ihrem Blut in der Küche lag, in der Wohnung aufgehalten hatte. Was muss dieses arme Kind mitgemacht haben … Die Mordkommission, ein Teil der Tatort-gruppe, befragte den kleinen Walter, der sich laut weinend in der Kammer befand und komplett verschüchtert den Hergang der Tat gemäß seiner Wahrnehmung erzählte.

Nach dem Zeitungsbericht eines lokalen Blattes, das die Tat wohl besonders dramatisch darstellen wollte, erlangte Therese Graf noch einmal das Bewusstsein, als der von den städtischen Sicherheitsorganen verständigte Arzt eintraf. Ihre Versuche, etwas zu sagen, wären allerdings erfolglos gewesen. Nur leise sich bewegende Lippen, sonst nichts mehr! In einem anderen Bericht wurde verbreitet, dass sie nicht mehr zu sich kam. Tatsächlich dürfte die Frau bereits tot gewesen sein, als die Polizeibeamten in der Schützengasse eintrafen. Man brachte das Opfer ins Rath'sche Krankenhaus. In diesem Gebäude konnte man ihr das Leben aber auch nicht mehr zurückgeben. Die Verletzung an der Oberschenkelarterie, die der Frau durch ein simples Taschenmesser zugefügt worden war, erwies sich als doch so schwer, dass sie verblutete, ohne dass die ärztliche Kunst noch etwas dagegen hätte tun können.

Der Mann, der die Mutter seines Sohnes getötet hatte, wurde von einer eigens aus Wiener Neustadt angereisten Gerichtskommission einvernommen. Dieser erzählte er nur, dass er fest davon überzeugt gewesen wäre, dass die Geschiedene ein Liebesverhältnis mit einem anderen Mann unterhalten hätte. Am nächsten Tag lieferte man ihn ins Kreisgericht Wiener Neustadt ein.

Es dauerte bis zum 1. Juni 1932, bis dem Mörder der Prozess gemacht wurde. In diesem beteuerte er, er hätte seine Ex-Frau nicht töten wollen und wüsste gar nicht, wohin er gestochen hatte. Wie sich das mit den Worten »Jetzt erstich ich dich!« in Einklang bringen lässt, blieb allerdings ein Rätsel. Jedenfalls sagte er aus, dass er fest von einem Verhältnis seiner Ex-Frau mit einem Mann ausgegangen war, der ebenfalls in der Schützengasse 11 wohnte. Dazu kam noch, dass sie ihn als Trunkenbold und arbeitsscheu tituliert und überhaupt nicht mehr im Haus hatte haben wollen.

Als dann während der Verhandlung der Polizeioberkommissär Klinger von der Badener Stadtpolizei vernommen wurde, kam es auch noch zu einem Eklat. Der Vorsitzende, Vizepräsident Dr. Kielhof, und der Verteidiger, Dr. Felix Kosch, gerieten in einem heftigen Wortgefecht so aneinander, dass Letzterer die Vertretung des Angeklagten auf der Stelle zurücklegte und den Saal verließ. Am nächsten Tag nahm Kosch die Verteidigung Grafs wieder auf, weil er meinte, den Beschuldigten nicht ohne rechtlichen Schutz lassen zu können.

Für die Geschworenen war die Sache jedenfalls eindeutig. Einstimmig wurde Mord festgestellt und die eingebrachte Verteidigungslinie, Sinnesverwirrung, ebenso einstimmig verneint. Damit stand dem Urteil nichts mehr im Weg: 20 Jahre schweren Kerkers, verschärft durch einen Fasttag und hartes Lager vierteljährlich sowie Dunkelheit an jedem 17. November. Der Verurteilte hat angeblich mit Gleichgültigkeit die Worte »Ich berufe« gesprochen und die Verteidigung Nichtigkeitsbeschwerde eingelegt.

Was wohl aus dem kleinen Walter Graf geworden ist, dem bleibenden Opfer des Mordes an seiner Mutter in der Schützengasse 11? Ob er den Menschen, der ihm das Leben geschenkt und bald danach wieder so jäh zerstört hatte, jemals wiedersah? Die einzige Spur, die auf Walter Graf hinweist, stellt eine Nennung als Heimkehrer aus englischer Kriegsgefangenschaft 1946 dar, in die der nun junge Mann wohl als Wehrmachtsangehöriger geraten war. Mit dem Haus in der Schützengasse wollte er wohl keine Verbindung mehr, seine neue Heimatadresse lautete nämlich bereits Gartengasse 16. Doch auch für ihn dürfte alles noch ein glückliches Ende genommen haben. Bereits 1947 wurde eine Hochzeitsanzeige von Walter Graf, der als Schaffner der Badner Bahn seinen Lebensunterhalt bestritt, mit Anna Grafl aus Schattendorf veröffentlicht. Möglicherweise konnte er mit der Liebe einer Frau das Trauma seiner Kindheit vollständig überwinden!

Das historische Mordhaus, in dem heute ein Kinder-
hort betrieben wird.

EIFERSUCHTSDRAMA
IM MILCHLADEN

(1931)

ie Rache des verschmähten Liebhabers lautete die medienwirk-
same Schlagzeile, die Anfang August 1931 in den Gazetten
des gesamten Landes zu finden war und ein fassungsloses
Kopfschütteln bei den Lesern hervorrief. Eine andere Zeitung unter-
titelte gar: *Hemmungslose Leidenschaft und widerliche Triebhaftigkeit
forderten wieder einmal ein Menschenopfer.*

Geschehen war die Tat, die in der Bevölkerung so großes Unver-
ständnis hervorrief, am 3. des Monats um drei viertel ein Uhr am
Nachmittag in einem Badener Milchladen. Bei dem Geschäft mit
angeschlossener Wohnung, das sich am Erzherzog-Rainer-Ring 9 an
der Ecke zum Leopoldsplatz (heute Brusattiplatz) befand, handelte
es sich um ein Verkaufslokal der Guntramsdorfer Molkerei.

Die Zeitung »Das Neue Wiener Journal« berichtete in ihrer Ausgabe vom 30. November 1931 von der am selben Tag beginnenden
Verhandlung aus Wiener Neustadt, in der ein trauriger junger Mann
wegen eines Verbrechens aus Leidenschaft auf der Anklagebank saß.
Es handelte sich um den 27-jährigen arbeitslosen Kellner Johann
Kronus (in anderen Recherchequellen auch Krones), wohnhaft in
der Preysinggasse 20 in Wien, der seine ehemalige Geliebte, die
28-jährige Geschäftsführerin Mathilde Tietz (in anderen Recherchequellen auch Titze oder Tiez), aus Eifersucht mit mehreren Re-
volverschüssen tötete. Das Blatt rollte in diesem Artikel die ganze

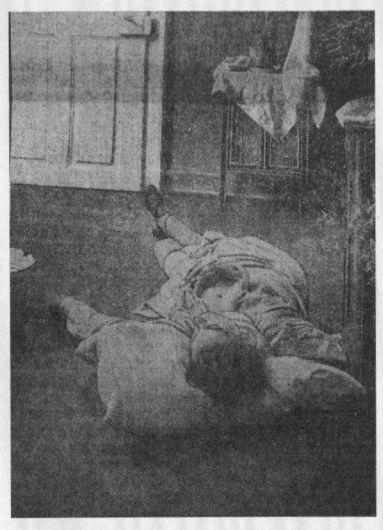

So wurde der Leich-
nam angeblich aufge-
funden.

Der Eifersuchtsmord in Baden.

Mathilde Tietz, das Opfer.   Johann Kronus, der Mörder.

Herr Tietz, der geschiedene Gatte der Ermordeten, stellt fest, daß Johann Kronus, als er vor der Tat mit ihm sprach, nichts davon erwähnte, daß er sich mit Mordabsichten trage. Er zeigte sich wohl sehr aufgeregt und teilte Herrn Tietz mit, daß seine geschiedene Gattin sich wieder zu verehelichen gedenke. Herr Tietz sprach Kronus zu und warnte ihn vor unüberlegten Schritten.

Opfer und Mörder - wenn Liebe tödlich endet.

Geschichte des unglücklichen Mannes und seiner abtrünnigen Geliebten von vorne auf, damit das Motiv des Täters verständlicher wurde und selbiger somit vor Gericht auf ein wenig Gnade hoffen durfte.

Mathilde Tiez heiratete im Jahre 1924 als junges Mädchen den Kaufmann [Delikatessenhändler; Anm.] *Franz Tiez. Nach einjähriger Ehe lernte das junge Paar den Wiener Kellner Johann Kronus kennen, der sich in der Folge der Familie Tiez eng anschloß. Er machte mit ihnen gemeinsame Partien und war ständiger Gast in ihrer Wohnung. Kronus faßte bald tiefe Zuneigung zu Mathilde Tiez und diese Neigung wurde nach Angabe des Angeklagten auch erwidert. Zu Weihnachten 1926 kam es angeblich anläßlich einer Skipartie zur ersten intimen Annäherung zwischen den beiden. Im Hause Tiez wurde wahrhaftig eine Ehe zu dritt geführt. Dieses Verhältnis dauerte mehrere Jahre. Doch das Zusammenleben der Eheleute wurde dann schlechter und es kam zur Scheidung.*

Zu jener Zeit lernte Mathilde Tiez den Badener Eisenbahnbeamten Karl Aschauer [wohnhaft in der Neustiftgasse; Anm.] *kennen, der ihr schließlich einen Heiratsantrag machte. Mathilde gab dem Manne ihr Jawort, verwies aber darauf, daß sie von Kronus verfolgt werde und nicht früher heiraten könne, bevor sie nicht von ihm frei sei. Sie bat ihren Bräutigam, mit Kronus diesbezüglich zu unterhandeln. Aschauer fuhr deshalb nach Wien und suchte den Kellner in seiner Wohnung auf. Er setzte ihm auseinander, daß Mathilde einen anderen gefunden habe und suchte ihn zu bewegen, seine Geliebte freizugeben. Kronus erklärte, er wolle sich die Sache überlegen und bestellte Aschauer für den folgenden Tag, an welchem er ihm die Entscheidung bekanntgeben wollte. Indessen faßte aber Kronus den Entschluß, seine ungetreue Geliebte zu töten, bevor er sie einem anderen überlasse. Mit seinem Motorrad fuhr er nach Baden und traf Mathilde im Geschäft, wo sich auch noch die Bedienerin befand. Die Frau schickte, um mit ihrem ehemaligen Geliebten sich aussprechen zu können, die Bedienerin fort, sperrte das Geschäft ab und begab sich mit Kronus in die Wohnung.*

Hier fragte sie der Kellner, ob es ihr denn ernst damit sei, Aschauer zu heiraten und ihm selbst den Laufpaß zu geben. Mathilde Tiez bejahte und wollte dann aus dem Zimmer gehen. Da zog Kronus seine Pistole, die er, wie er eingestand, in Mordabsicht zu sich gesteckt hatte, und feuerte gegen seine ehemalige Geliebte einen Schuß ab. Mathilde Tiez hatte noch die Kraft, sich zum Fenster zu wenden, da schoß ihr Kronus noch zweimal nach. Jetzt brach die Frau zusammen. In seiner Raserei schlug nun der Eifersüchtige auf sein am Boden liegendes Opfer mit dem Pistolenknauf los. Dann wollte er die Waffe gegen sich selbst richten, sie entfiel jedoch, wie er bei der Polizei angab, seiner kraftlosen Hand.

Die Psychiater bezeichnen Johann Kronus als nervösen Menschen mit gesteigerter Gemütserregbarkeit, doch sei er für seine Tat voll verantwortlich.

Kronus bekannte sich zu Beginn der Verhandlung schuldig, erklärte aber, dass er damals einen Nervenzusammenbruch erlitten und schon seit seiner Kindheit mit solchen Anfällen zu kämpfen hatte. Anschließend erzählte er vom Kennenlernen der Familie Tietz: »Ich habe Mathilde und ihren Mann das erste Mal bei einem Spaziergang am Gaisberg getroffen, am selben Abend sind wir zusammen ins Kino gegangen. Später hat Franz auch gesagt, ich dürfte ruhig mit seinem Weib auch alleine etwas unternehmen. Ich wollte das am Anfang ohnehin nicht. Aber er hatte oft keine Zeit, und Mathilde bat mich, mit ihr fortzugehen. Die beiden haben sich immer sehr freundlich mir gegenüber verhalten und mich sogar finanziell unterstützt, da ich zu der Zeit ja schon postenlos war. Weihnachten 1926 hat dann die Liaison angefangen, die Zeit haben wir zu dritt in Kitzbühel verbracht, schliefen auch alle zusammen in einem Zimmer. Es gab ein Bett und ich schlief auf der Ottomane. Als der Franz dann einmal abends nicht da war, hat Mathilde zu mir gesagt: ›Komm doch her zu mir, schenk mir deine Liebe fürs ganze Leben!‹ Ich fragte nach wegen Franz und sie sagte mir, dass die Ehe unglücklich sei. Und da ich sie auch so schön und lieb fand, bin ich darauf eingegangen. Ich wollte anschließend gleich mit ihrem Mann reden, doch sie war dagegen. Ich habe es dann aber doch gemacht, und er hat gesagt: ›Ich gebe meine Gemahlin nicht frei, bevor ich nicht selbst eine andere habe!‹ Ich war aber gegen eine Scheidung wegen der Arbeitslosigkeit, weil ich die Frau ja nicht erhalten konnte.«

Als der Richter den Angeklagten Kronus fragte, was das Opfer dazu gesagt hatte, antwortete der: »Zuerst wollte sie, dass ich sie töte, was ich natürlich ablehnte! Dann hat sie sich eine Heimarbeit gesucht und ist zu mir nach Wien gezogen. Wir hätten gut miteinander leben können, aber sie wurde immer unzufriedener. Vielleicht, weil wir in einem kleinen Kabinett gewohnt haben und immer sparen mussten.«

Über den Hergang des Gesprächs mit seiner Geliebten, das drei Jahre später stattfand und dem Mord in dem Milchladen am Erzherzog-Rainer-Ring vorausgegangen war, schilderte Johann Kronus: »Mathilde hat mich verspottet und gesagt, dass ich sie nicht erhalten kann, wenn sie sich von ihrem Mann trennt, was bei Aschauer aber der Fall wäre. Als ich ihr untersagte, sich mit dem Beamten weiter einzulassen, stampfte sie mit dem Fuß auf und schrie: ›Und ich werde es doch tun!‹ Dann verlangte ich meine Liebebriefe, die ich ihr durch die Jahre geschrieben hatte, zurück und bekam sie auch. Ich händigte ihr ihre Schreiben an mich ebenfalls aus. Da beschloss ich, sie umzubringen, um sie nicht dem Nebenbuhler überlassen zu müssen. Mathilde schickte dann die Bedienerin, Marie Fuhrmann, ins Gasthaus Martinek, um für mich ein Gulasch zu holen. Als die Angestellte weg war, gingen wir in das Schlafzimmer, um Geld zu holen. Ich warf Mathilde nämlich vor, dass ich ihr 500 Schilling zum Ankauf einer Nähmaschine geliehen hatte. Wütend hat sie mir die Banknoten vor die Füße geworfen.«

Als die Fuhrmann mit dem Gulasch zurückkam, so berichtete die »Badener Zeitung« in ihrer Ausgabe vom 5. August 1931 über die Ereignisse, *fand sie die Geschäftstür verschlossen. Böses ahnend ging sie in den Hof, wo sie zufällig mit der Schwester der Titze, der*

Schuhmachermeistersgattin Kromer [falscher Name angegeben; Anm.], *zusammentraf. Sie* [hörten die letzten beiden der fünf Schüsse,] *eilten zum Fenster des in den Hof zu gelegenen Schlafzimmers und sahen die Titze am Boden liegen. Die beiden Frauen stiegen durchs Fenster ein und fanden die Titze als Leiche in einer Blutlache auf. Der Revolver lag aufgekippt neben der Leiche, ebenso 3 scharfe und 2 ausgeschossene Hülsen und ein Büschel Haare, woraus geschlossen werden kann, daß zwischen den beiden* [dem Opfer und seinem Mörder, Anm.] *ein Kampf vorausgegangen ist. Der Streit begann im Geschäftsladen und setzte sich im Schlafzimmer fort, wo Kronus zur Ausführung der Tat schritt.*

Die beiden Frauen fanden die tote Mathilde Tietz inmitten verstreuter Geldscheine vor, während sich auch der Täter – er hatte sich am Finger einen Streifschuss zugezogen – noch am Tatort aufhielt. Noch vor der Polizei traf der Mann von Mathildes Schwester ein, der später vor Gericht die Aussage von Kronus, er wäre zu dem Zeitpunkt bewusstlos auf einem Sessel gesessen, widerlegte. »Das ist nicht wahr. Er war ganz wohl und wehleidig auch noch. Als ich ihn am Arm packte, hat er geschrien.«

Kronus selbst ging aufgeregt im Zimmer auf und ab und murmelte vor sich hin: »Das war der letzte Ausweg, so, jetzt kann sie mich anzeigen.« *Inzwischen kam die Polizei, von der sich der Mörder ruhig festnehmen und abführen ließ. Unterdessen hatte sich vor dem Hause eine Menge Neugieriger angesammelt, welche den Mord, der inzwischen im ganzen Kurort bekannt geworden war, eifrig besprachen. Bald darauf erschien eine Gerichtskommission, bestehend aus dem ersten Staatsanwalt des Kreisgerichts Wr. Neustadt Dr. Jocham, dem Badener Bezirksrichter Dr. Donath, Oberstadtphysikus Hofrat Dr. Raab und Polizeioberkommissär Klinger, am Tatort, um den Tatbestand aufzunehmen. Die Leiche wurde zur Obduktion in die Totenkammer des städtischen Friedhofs gebracht. Kronus gab bei seiner Einvernahme ohneweiters die Tat zu, doch will er nach dem zweiten Schuß die Besinnung verloren haben und weiß er angeblich von den weiteren drei Schüssen nichts.*

Vier der fünf Kugeln, die aus einer Entfernung von drei Schritten abgefeuert worden waren, hatten in den Kopf, die letzte in die Brust, direkt ins Herz, getroffen.

Der Mörder wurde dem Bezirksgericht Wiener Neustadt überstellt, seine Verhandlung fand – wie anfangs bereits erwähnt – ab 30. November statt.

Darüber berichtete auch »Das Kleine Blatt«, und zwar in seiner Ausgabe vom 1. Dezember 1931, und leitete den betreffenden Artikel mit folgenden Worten ein: *Eine tragische Nemesis scheint über dem Leben dieses Mannes zu schweben. Er selbst hat die Frau ihrem Manne einmal weggenommen, und nun, da ein anderer sie ihm entreißen wollte, griff er zur Pistole!*

Kronus wird von der Zeitung folgendermaßen beschrieben: *Der Angeklagte, ein Mensch mit ungewöhnlich großen Augen, ist sehr nett gekleidet.*

Auch den Prozess selbst behandelte die Zeitung an diesem Tag ausführlich.

Der Kampf zwischen Gatten und Hausfreund

Mathilde war vor Jahren Verkäuferin im Gemischtwarengeschäft des Ehepaares [Hugo und Marie; Anm.] Tietz. Der Sohn des Hauses, Franz Tietz, verliebte sich in das hübsche Mädchen und heiratete sie. Das war im Winter 1924. Ein Jahr später lernte das Ehepaar den Kellner Kronus kennen. Bei einer Skitour zu Weihnachten 1926 wurde aus der Ehe ein Dreieck und das hielt sich drei Jahre lang. Der Ehemann wusste von seinen Hörnern und nachdem er bei einer anderen Frau für sein zerstörtes Glück Ersatz gefunden hatte, setzte er die Scheidung durch. Frau Mathilde wurde Leiterin der Badener Filiale der Guntramsdorfer Molkerei.

Kronus meinte, nun freies Feld zu haben. Die Frau, die ihren Mann losgeworden war, wollte aber auch den Hausfreund loskriegen. Sie verlobte sich mit dem Eisenbahner Karl Aschauer und sagte dem neuen Bräutigam, heiraten könne sie erst dann, wenn Kronus sie freigegeben habe.

Eine letzte Unterredung und drei Revolverschüsse
Der Eisenbahner fuhr nun als Unterhändler in eigener Sache zu Kro-
nus nach Wien und redete ihm zu, die Frau aufzugeben.

Die Zusammenkunft schilderte Kronus vor Gericht wie folgt:
»Er gestand mir, dass Mathilde einen anderen Mann kennengelernt
habe, den sie heiraten wolle. Ich sagte ihm dann auf den Kopf zu,
dass er nicht herumreden, sondern zugeben solle, dass er von sich
selbst spreche, was er dann auch tat. Dann hat er gesagt, ich soll sie
freigeben, weil ich sie ohnehin nicht erhalten kann.«

Die Zeitung berichtete weiter: *Kronus hörte ruhig zu und erbat*
einen Tag Bedenkzeit. Als aber der Eisenbahner am nächsten Tage
wiederkam – das war am 3. August –, traf er Kronus nicht mehr an.
Der saß nämlich schon auf seinem Motorrad und fuhr mit Vollgas und
siebzig Stundenkilometer nach Baden, um mit Frau Mathilde abzu-
rechnen. [...]

Kronus behauptete im Prozess dann plötzlich, er hätte sich ursprünglich nur selbst umbringen wollen, das allerdings vor den Augen seiner Geliebten. Da er bei der ersten Einvernahme durch die
Polizei etwas anderes ausgesagt hatte, schenkte man ihm diesbezüglich keinen Glauben. Über den Tag der Tat sagte er, dass er zuerst
zu Franz Tietz gegangen war, um ihn über die Vorkommnisse in
Kenntnis zu setzen, doch der hatte an dem neuen Verhältnis seiner
Ex-Frau gar kein Interesse und sagte zu Kronus: »Aber sie hat dich
doch immer so gern gehabt!«

»Ich habe mich dann im Kurpark auf eine Bank gesetzt«, erzählte der gekränkte Liebhaber, »weil ich Herzstechen bekam. Dann bin
ich ins Geschäft zur Mathilde gegangen, wo mir schlecht geworden
ist. Ich hatte zu dem Zeitpunkt nämlich 48 Stunden nicht geschlafen. Sie hat mir ein Glas Wasser gegeben und die Fuhrmann um das
Gulasch geschickt, weil ich behauptet hatte, hungrig zu sein. Als ich
ihr dann erzählte, dass ich bei ihrem Mann war, rief sie aus: ›Dieser geschiedene Hund!‹ Ich weiß gar nicht, warum sie noch solche
Gefühle ihm gegenüber hatte. Dann habe ich sie gebeten, dass wir

uns versöhnen und zusammenbleiben. Ich habe gesagt: ›Sechs Jahre haben wir gut gelebt miteinander und jetzt willst du mich gehen lassen?‹ Ab dem Zeitpunkt weiß ich nichts mehr.«

Der Vorsitzende des Schwurgerichts Dr. Holub fragte den Angeklagten, wann er wieder zu sich gekommen sei, worauf Kronus antwortete, dass er es nicht wüsste. »Sie haben ja auf die Frau noch gefeuert, als sie schon auf dem Boden lag. Und als die Waffe ausgeschossen war, haben Sie sie mit dem Kolben auf den Kopf geschlagen«, so Holub.

Kronus: »Mir ist schwarz vor Augen geworden, ich kann mich nicht erinnern, wann ich geladen habe.« Trotz eines langen Kreuzverhörs blieb der Mörder dabei, nichts mehr von seiner Tat zu wissen.

Weiter berichtete »Das Kleine Blatt«: *Nun wird Wilhelmine Grammer, die Schwester der Ermordeten, als Zeugin einvernommen. Sie erklärt, daß sie von der Freundschaft des Ehepaares Tietz mit Kronus wußte, auch daß die Eheleute ihn mit Geld und Lebensmitteln unterstützt haben. Von einem intimen Verhältnis ihrer Schwester mit dem Angeklagten wisse sie dagegen nichts. Ihre Schwester habe ihr einmal gesagt, sie habe das Gefühl, daß ihr wegen des Kronus etwas passieren werde. [...]*

Die Zeugin erläuterte nun an Hand von Lichtbildern die Situation am Tatort. Auf einer der Photographien sieht man Frau Mathilde in derangierter Kleidung auf dem Boden liegen. In der Nähe liegen zwei Patronenhülsen und beim Fenster liegt die Mordwaffe, eine Steyr-Pistole.

Es werden nun noch einige Zeugen einvernommen, darunter auch der Badener Bezirksrichter Donath, der den ersten Lokalaugenschein am Tatort vornahm. Als er eintraf, saß der Angeklagte, am ganzen Körper zitternd, bei einem Tisch. Der Zeuge fragte: »Was haben Sie getan?« Kronus erwiderte: »Ich weiß es nicht!« Dem Polizeikommissär Klinger sagte Kronus: »Ich wollte die Frau keinem anderen lassen!«

Die Mutter des Opfers, Mathilde Kragler, berichtete, dass sich ihre Tochter und ihr Gatte vor der Ehe gut vertrugen, danach aber nicht mehr. Über Kronus hatte die junge Frau zu ihr gesagt, dass sie ihn nicht mochte und sich vor ihm fürchtete, weil er immer eine Pistole bei sich trug.

Als Nächstes sagte der geschiedene Mann des Opfers aus: »Als ich von der Affäre erfuhr, das war Ende des Jahres 1927, kündigte ich dem Johann die Freundschaft und sagte, ich wolle ihn nicht mehr sehen. Ein paar Monate später habe ich mit Mathilde eine Fahrt nach Schladming besprochen, doch am Tag der Abreise lag ein Zettel auf dem Küchentisch, auf dem geschrieben stand: *Der Hans hat mich gezwungen, mit ihm Selbstmord zu begehen, Wir sind nach Schladming gefahren.* Ich bin ihnen sofort mit dem Zug hinterhergereist und fand die beiden weinend am Tisch des Gasthauses am Bahnhof vor, weil sie die Situation nicht mehr ausgehalten haben. Wir versöhnten uns dann alle drei und sind ins Gebirge gegangen, um Selbstmord zu begehen. In den Südwänden des Dachsteins wollten wir uns hinunterstürzen, aber dann hat uns die Courage verlassen. Ich dachte, dass die beiden irgendwann aufhören mit der Liebschaft. Als das nicht der Fall war, habe ich die Scheidung eingeleitet.«

Der Vorsitzende fragte Franz Tietz, ob seine Frau Kronus geliebt hatte. Er antwortete: »Am Anfang schon, sie hat oft sogar nichts gegessen, um Haushaltsgeld zu sparen und es ihm dann zu geben. Aber dann ist sie abgekühlt. Was sie an ihm fasziniert hat, ist für mich allerdings bis heute ein Mysterium. Am Tag der Tat kam der Angeklagte zu mir und erzählte mir von Mathildes neuem Geliebten. Als er ging, sagte er: ›Ich fahr jetzt nach Baden. Am liebsten täte ich ihr etwas an.‹ Aber ich habe das nicht ernst genommen, weil er wirklich ein guter Kerl ist.«

Anschließend trat der Rivale, Karl Aschauer, als Zeuge auf. Er erzählte: »Ich hatte schon viele Enttäuschungen mit Frauen hinter mir, als ich Mathilde kennenlernte. Wir sind schnell vertraut miteinander geworden. Sie hat mich dann gebeten, zu Kronus zu fahren, weil sie sich vor ihm fürchtete.«

Zuletzt beschrieb »Das Kleine Blatt« noch ein Wiedersehen zwischen Kronus und seinen Eltern im Gerichtssaal:

Zu rührenden Szenen kommt es, als die Eltern des Angeklagten, die den Sohn seit der Verhaftung nicht mehr gesehen haben, als Zeugen aufgerufen werden und den Saal betreten. Weinend sinken die drei Menschen einander in die Arme. Sie sind nur mit Mühe zu beruhigen. Die Mutter, Frau Aurelie Kronus, berichtet, daß ihr Sohn immer gut zu ihr war. Auch sie ist sehr nervös und sie glaubt, daß ihr Kind erblich belastet ist.

Der Psychiater Professor Dr. Dimitz gab folgende Auskunft: »Johann Kronus ist ein zaghafter nervöser Mensch, er leidet an einer angeborenen Neuropathie, verbunden mit erhöhter Erregbarkeit. Die Ermordete war sein erstes und einziges Verhältnis. Nicht der Angeklagte hat in diesem Fall die Wahl getroffen, sondern er wartete, bis die Wahl auf ihn fiel. Die Tat ist zweifellos eine Affekthandlung, begangen im Zustand stark herabgeminderter Selbstbeherrschung.« Am Ende des Prozesses beantworteten die Geschworenen die Hauptfrage nach Mord mit neun Ja und drei Nein und die Nebenfrage nach Sinnesverwirrung zum Zeitpunkt des Verbrechens mit vier Ja und acht Nein.

Johann Kronus wurde zu fünf Jahren schweren Kerkers mit Fasten und Dunkelhaft an jedem Jahrestag seiner Tat verurteilt.

Der von der Vöslau-
er Straße nur schwer
einsehbare Standort
des ehemaligen Gast-
hauses in der Nähe
des Ziegelofenteichs.

1938
1947

10 JAHRE
FREIW. FEUERWEHR
DER STADT BADEN

Feuerwehr-Festschrift
der FF Baden-Stadt
mit der Erwähnung
des Großbrands.

DIE VERKOHLTE LEICHE, DIE TOTGESCHWIEGEN WURDE

(1946)

In der Nacht von Samstag, dem 24., auf Sonntag, den 25. August 1946, stand das Gasthaus der Familie K. in der Vöslauer Straße in Flammen. Bei dem Brand wurden sowohl das von den Eheleuten bewohnte Schlafzimmer als auch der darüber liegende Dachboden vollkommen eingeäschert. In den Überresten des Gebäudes hat die Feuerwehr nach der Löschaktion die stark verkohlte Leiche der 48 Jahre alten Gastwirtin Franziska K. entdeckt. *Die vorgefundenen Spuren lassen auf einen Mord schließen,* so die »Badener Zeitung« in ihrer Ausgabe vom 31. August.

Nach eingehender Recherche fand sich vorerst nirgendwo anders eine Berichterstattung über dieses Verbrechen, nicht die kleinste Meldung tauchte auf, dass überhaupt ein Brand stattgefunden hatte.

Liest man aber sorgfältig alle Berichte zum Thema, erfährt man in der »Badener Zeitung« vom 6. April 1946, dass es über das Vorleben des betroffenen Hausbesitzers Interessantes zu verlautbaren gab. Unter der Überschrift »Politik von der Kommunistischen Partei – Drückeberger und Arbeitseinsatz« fand sich folgender Eintrag: *Da ist auch noch der K.* [Name auf Begehr der Angehörigen abgekürzt; Anm.] *Paul, ein illegaler SA-Mann, seines Zeichens Gastwirt in der*

141

besonders für unsere jüngere Generation immerwährend ein hehres Beispiel seltener Pflichttreue bleiben wird.

Anfangs Juli erfolgte die Neuaufstellung der Badener Feuerwehren Leesdorf und Weikersdorf. Es schieden daher die zehn Angehörigen dieser Wehren aus dem Stande der Stadtfeuerwehr aus, um sich nun wieder in den aktiven Dienst ihrer Stammfeuerwehren einzureihen.

Zum ersten Male nach mehrjähriger Unterbrechung nahm, einer alten kameradschaftlichen Gepflogenheit entsprechend, am 21. d. M. eine größere Abordnung an der 75 jährigen Gründungsfeier der Freiw. Feuerwehr Gaaden teil.

Am 3. August vormittags war in einem großen Gutshofe bei München-dorf ein Scheunenbrand ausgebrochen, der infolge Sturmes die ganze Ort-schaft gefährdete. Am 9. d. M. brannte eine große Werkhalle der ehemaligen Motorenwerke in Wr. Neudorf. In beiden Fällen wurde die Löschhilfe der Badener Feuerwehr angefordert und eingesetzt. Eine schwierige Löschaktion ergab sich am 25. August nachts durch das Fehlen der Hydranten in der Vöslauerstraße. Bei einem Brande des Hauses Nr. ██ (Gastwirtschaft ████) mußte das Löschwasser erst aus dem über 100 m entfernten Ziegelofen-teich herangebracht werden. Bei diesem Brande ist infolge eines Mordan-schlages die Gastwirtin ums Leben gekommen.

In der Leitungssitzung am 6. Juli wurden bis zur nächsten Hauptver-sammlung die Wehrmänner Leopold Amon und Josef Meixner als Zugs-führer sowie Karl Walter als Zeugmeister provisorisch bestellt. Da auf die Dauer den aktiven Feuerwehrmännern nicht zugemutet werden konnte, in ihrem strapaziösen, freiwilligen Dienste das eigene, zur Zeit kaum ersetzbare Schuhwerk zu verbrauchen, beschloß das Feuerwehrkommando an den Stadt-vorstand das Ersuchen zu richten, ihr die Zuweisung von Arbeitsschuhen zu ermöglichen.

Am 11. August beteiligte sich eine größere Deputation der Feuerwehr an der Weihe und Indienststellung eines Rettungsautos der Freiw. Feuerwehr Bad Vöslau.

Von der Feuerwehr Baden-Stadt wurde am 9. September der Feuer-wehr Baden II (Leesdorf) in ihrem wieder instand gesetzten Gerätehause das neu ausgerüstete Löschgruppenfahrzeug „Fiat" sowie ein kompletter Lösch-karren mit Tragkraftspritze übergeben.

Ein großer Waldbrand kam am 14. September vormittags oberhalb der Pension „Sylvana" im Helenental zum Ausbruch, der wegen der Trocken-heit und des steilen Geländes rasch an Ausdehnung zugenommen hatte und erst am Vormittag des nächsten Tages als gelöscht angenommen werden konnte. Am 15. nachmittags entstand, einige 100 m von diesem Brandplatze entfernt, abermals ein Waldbrand, dessen Bekämpfung bis Mitternacht dauerte. Diese beiden Brände sind deshalb bemerkenswert, weil damals durch Sirenen und Läuten der Kirchenglocken auch die Bevölkerung zur Mithilfe an der Waldbrandbekämpfung alarmiert wurde. Zudem mußte von der Stadtpolizei auf Veranlassung der Stadtkommandantur in Gast- und Kaffeehäusern eine Razzia auf gewohnheitsmäßige Nichtstuer durchgeführt werden, welche zu Löscharbeiten herangezogen wurden.

Eine Mitglieder-Werbeaktion in Verbindung mit einer Haussammlung im gleichen Monat brachte der Feuerwehr (nebst 208 beitragenden Mit-gliedern siehe Mitgliederverzeichnis) den schönen Betrag von 23.000 Schilling für ihre Neuaufrüstung ein.

50

Auszug aus der Festschrift.

Vöslauerstraße. Erst die Politische Polizei mußte ihn dazu bewegen, sich registrieren zu lassen. Bis dato hat er keinen Handschlag für den Arbeitseinsatz getan, dafür besaß er aber einen Alliierten-Reisepass, wozu sich natürlich noch ein Stech- und Nutzviehverkaufsschein gesellte. Selbiger war bestätigt von der Bezirksbauernkammer. Allerdings war man »ruchlos« genug, ihm diese Dokumente abzuerkennen, damit kein Unfug getrieben werden kann.

Zu dem Ausbruch des Feuers, der danach ganz rasch unter den Tisch gekehrt wurde, im Detail (sinngemäße Wiedergabe aus der »Badener Zeitung« vom 31. August): Von dem Brand in der Nacht zum 25. August wurde die Freiwillige Feuerwehr durch zwei Telefonanrufe um ein Uhr 45 verständigt, die sofort mit ein paar Männern und einem leichten Fiat-Löschgerät ausrückte. Kurz darauf folgte die in der Zwischenzeit alarmierte komplette Mannschaft mit einem schweren Diesel-Löschgerät unter dem Kommando des Feuerwehrhauptmanns Stiastny.

Die 15-köpfige Truppe fand bei der Ankunft folgende Situation vor: Aus dem Schlafzimmerfenster des ebenerdigen und etwas einsam abseits der Straße gelegenen Gasthauses »Zum goldenen Ziegel«, Eigentum der Eheleute K., loderten meterhoch die Flammen. Auch der darüber befindliche Dachstuhl begann bereits zu brennen. Einige Nachbarn entfernten die glimmende schwere Holzstiege, die sich außerhalb des Hauses an der Mauer befunden und zum Dachboden geführt hatte. Andere waren damit beschäftigt, Möbel und Hausrat aus den Räumen des Gebäudes zu bergen. Dem Löschteam wurde außerdem eilig zugetragen, dass sich die Gastwirtin, Franziska K., nicht am Brandplatz befand, was man als seltsam erachtete und daraus schloss, dass sich die Frau noch in dem brennenden Haus aufhielt. Doch die Feuerwehrleute mussten sich zu diesem Zeitpunkt mit einem anderen Problem befassen: Da der nächstgelegene Hydrant in der Vöslauer Straße nicht verwendungsfähig war, musste das Wasser aus dem Ziegelteich in die Feuerwehrschläuche gepumpt werden. Anschließend galt es, den

Übersicht der Brandeinsätze etc.

vom Mai 1946 bis Dezember 1946.

Datum		Ort	Ursache der Ausrückung	Anmerkung
1946				
Mai	2.	Kurpark, Kalvarienberg	Gestrüppbrand	2 Einsätze
	2.	Helenental, Rauhenstein	Waldbrand	
	6.	Kurpark, Gaadenerweg	„	
	7.	Villa Handlos	Wasserversorgung	
	14.	Weinbergstr., Haus Sorgenfrei	Unrathaufenbrand im Glashaus	
	14.	Habsburgerstraße 62	Bienenhausbrand	
	20.	Schimmergasse	Unrathaufenbrand	
	23.	Tribuswinkel 212	Mansarden- und Dachbrand	
	30.	Sigristalgraben bei Sooß	Rebenbürdelbrand	
Juni	3.	Neustiftgasse 23	Zimmerbrand	
	18.	Germergasse 1	Unratbrand im Brunnenschacht	
	28.	Helenental, nächst der Krainerhütte	Waldbrand	
	29.	Kurpark, Annahöhe	„	
Juli	3.	„	Wiesenbrand	
	6.	Kurpark, Bienenburg	Waldbrand	
	11.	Tribuswinkel, Schwechat	Traktorbergung	
Aug.	3.	Münchendorf	Scheunenbrand	Großfeuer
	8.	Mühlgasse 104	Teerkesselbrand	kein Einsatz
	9.	Wr. Neudorf, Motorenwerke	Fabrikshallenbrand	Großfeuer
	16.	Straßerngasse 12, Tischlerei	Werkstättenbrand	
	25.	Vöslauerstraße ■	Zimmer- und Dachbrand	Großfeuer
Sept.	3.	Tribuswinkel-Josefstal	Autoanhänger-Bergung	
	6.	Franz-Josef-Ring 37	Traktorbergung	
	8.	Kurpark, Annahöhe	Waldbrand	
14. b. 16.		Helenenstraße, oberhalb Sylvana	„	Großfeuer
	15.	Gamingerberg, Bergsteiggasse	„	
	21.	Helenenstraße 74	„	
	21.	Einöde, unterhalb der Rudolf-Proksch-Hütte	„	
	25.	Franz-Josef-Ring 22	Zimmerfeuer	
Okt.	1.	Helenental, Rauheneck	Waldbrand	
	4.	„ Hauswiese	„	
	6., 8.	Mödling, Hirtenberg	Autobergungen	
	11.	Anninger, oberhalb Gumpoldskirchen	Villenbrand	Großfeuer kein Einsatz
	12.	Heiligenkreuz, Roschmann	Kellerfeuer	
	19.	Südbahnhof	Brand eines Waggons mit Säuren	
	21.	Neustiftgasse 13	Kellerfeuer	
	28.	Weilburgstraße 53	Dippelbaumfeuer	
	31.	Hotel Goldener Löwe	„	

Auszug aus der Übersicht der Einsätze der
Badener Feuerwehr.

Brandherd, der sich offensichtlich im Schlafzimmer der Familie befand, zu bekämpfen und vom Rest des Gebäudes abzugrenzen. Gleichzeitig bemühte man sich, das Feuer auf dem Dachboden in den Griff zu bekommen. Die Flammen, die sich mit hoher Geschwindigkeit durch das Haus fraßen, entwickelten eine so starke Hitze, dass sogar die metallenen Fenstergitter zu glühen begannen. Aufgrund der vorliegenden Schwierigkeiten rückte die russische Militärfeuerwehr an, die besonders energisch und eifrig beim Löschen des Dachbrandes mithalf.

Als es einigen Männern endlich gelang, das Schlafzimmer zu betreten, fanden sie darin eine bis zur Unkenntlichkeit verkohlte Leiche, die aufgrund der Sachlage die Wirtin Franziska K. sein musste. Im Gastzimmer, das von dem Feuer verschont geblieben war, wurde nahe der Eingangstür eine große Blutlache entdeckt, einige Schritte davon entfernt lag auf dem Boden die Zahnprothese der Toten. Aufgrund der Spurenlage konnte nur von Mord ausgegangen werden. Der Körper der leblosen Frau war offenbar durch den Vorraum in das angrenzende Schlafzimmer getragen oder geschleift und dort auf den Diwan gelegt worden. Anschließend hatte man, so die Vermutung, den Brand gelegt, um das Verbrechen zu vertuschen. Die Nachbarn äußerten noch vor Ort den Verdacht, dass es sich bei dem Täter um Paul K., den Ehemann des Opfers, handeln könnte. Sie berichteten, dass er die Frau, die aus dem Waldviertel stammte, nur zu sich geholt hatte, weil er nach dem Tod seiner ersten Gemahlin sonst allein mit zwei kleinen Kindern dagestanden wäre.

Um sechs Uhr 45, nach fünfstündiger Arbeit, war der Brand endlich vollständig gelöscht.

Dessen Intensität und die damit einhergehende starke Verkohlung der Leiche gaben Anlass zu dem Gerücht, dass Benzin über der Leiche und in dem Raum, in dem sie die Feuerwehrleute gefunden hatten, ausgegossen worden war. Hätte das Feuer auch die übrigen Gebäudeteile, vor allem das Gastzimmer, vernichtet, wären die verräterischen Spuren ebenfalls in Rauch aufgegangen und für immer verschwunden. Diesen Plan des Mörders, das primitiv gebaute Haus würde zur Gänze ein Raub der Flammen und komplett eingeäschert werden, konnten die aufmerksamen Nachbarn, die auf Veranlassung von Franziskas und Pauls Sohn sofort die Rettungskräfte alarmierten, sowie die rasche und effektive Löschaktion der Feuerwehr gerade noch rechtzeitig verhindern.

Der Gastwirt und sein 18-jähriger Sohn Franz hatten sich Samstagabend auf den Weg zu einer Tanzveranstaltung gemacht, wo beide in Gesellschaft Bekannter bis nach Mitternacht verblieben waren. Was dann passiert ist, wusste der Journalist, der den Artikel über das Ereignis in der »Badener Zeitung« geschrieben hat: *Der Sohn kam etwa ½ 2 Uhr morgens alleine nach Hause, klopfte bei der Schlafzimmertür an, bemerkte jedoch sofort die starke Hitzeentwicklung und den Rauch des beginnenden Brandes und verständigte gleich die Nachbarn, damit sie die Feuerwehr alarmieren mögen. Der Gatte, der nach der Tanzunterhaltung noch eine Bekannte besucht hatte, mußte von dort geholt werden.*

Nachbarsleute gaben an, daß das Ehepaar nicht im besten Einvernehmen miteinander lebte. Der Gatte nächtigte öfters bei einer Freundin. Dies gab natürlich im Zusammenhang mit dem vorgefallenen Verbrechen Anlaß zu Gerüchten, welche jedoch durch das einwandfreie und aufs genaueste überprüfte Alibi als völlig haltlos nachgewiesen wurden.

Paul K. saß eineinhalb Jahre in Untersuchungshaft, wurde bei einem Prozess aus Mangel an Beweisen allerdings freigesprochen. Es hieß zwar, dass man ihn in der Nacht des Brandes in der Nähe des Tatorts gesehen und seine Freundin ihm ein falsches Alibi gegeben hatte, auch der Umstand, dass der Täter in der Lage gewesen war, eine im Schlafzimmer befindliche Kasse mit einem Schlüssel zu öffnen, blieb verdächtig – doch die Aussagen und Indizien reichten nicht aus, um den Ehemann wegen Mordes und anschließender Brandstiftung zu verurteilen.

Die Erhebungen der Polizei ließen aber auch die Vermutung zu, dass ein Raubmord mit anschließender Brandstiftung zwecks Vernichtung von Spuren vorliegen könnte. Den Schlüssel für die geplünderte Kasse hätte der Verbrecher entweder nach seiner Tat finden oder seinem Opfer durch Drohungen abgenötigt haben können.

Aus dem Haus waren zahlreiche Wertgegenstände entwendet worden, etwa zwei Sparbücher, eines lautend auf Paul (Einlage über 9.000 Schilling), das andere auf Franziska K. (Einlage etwa 10.000 Schilling), beide mit Losungswort versehen, sowie verschiedenste Schmuckstücke aus Gold und Platin, teils mit Brillanten und Rubinen besetzt. Ebenfalls mitgenommen hatte der Verbrecher 4.000 Schilling Bargeld, den Trauschein des Ehepaars, Rechnungen sowie einen Lehrbrief über erlerntes Fleischhauergewerbe, lautend auf den Sohn des Gastwirts.

Das Erstaunen im Umfeld der Familie K., vor allem in der Nachbarschaft, war groß, als es von dem großen Wohlstand der Eheleute erfuhr. Die beiden hatten stets sehr bescheiden gelebt und auch nie viele Gäste in ihrem Lokal. Doch zu irgendjemandem musste wohl durchgedrungen sein, dass sich in dem Haus große Reichtümer befanden, glaubt man der Einbruch- bzw. Raubmord-Theorie.

Paul K. übersiedelte nach seiner Entlassung aus dem Gefängnis in den Nachbarort und bezog ein Haus mit der Adresse Oeynhausen Nr. 2. Er stellte im November 1950 einen Antrag auf Herausgabe eines in Verlust geratenen Wertpapiers, das, sollte es nicht innerhalb von sechs Monaten bei Gericht vorgewiesen werden, für nichtig erklärt werden würde. Um welches Dokument es sich dabei handelte, war am 9. November 1950 in der »Wiener Zeitung« zu lesen: *Einlagebuch der Sparkasse Baden Nr. 75.207, lautend auf Franziska K.* [Name auf Begehr der Angehörigen abgekürzt; Anm.], *mit Saldo von 4084,-.*

Doch der nicht erklärbare Wohlstand des Eheleute K. blieb nicht das einzige Mysterium in diesem Fall. Ebenso rätselhaft war der Umstand, dass die Tat in der Presse nahezu totgeschwiegen wurde –

nur der »Wiener Kurier« hat einen winzigen Artikel verfasst und am 26. August veröffentlicht.

Anschließend schien es fast so, als hätten die »Badener Zeitung« und ihre Lokalreporter mit Heimvorteil gerade noch über die Vorkommnisse berichten und auch Details zu dem Verbrechen veröffentlichen können. Danach wurde »von oben« offenbar eine komplette Nachrichtensperre verhängt, denn die Printmedien haben kein Sterbenswörtchen mehr über den Raubmord verloren – und das, obwohl auch schon damals die Journalisten jedes ungewöhnliche Ereignis ausgeschlachtet und ihre Leser auf dem Laufenden gehalten haben. Überhaupt in einer Kleinstadt! Warum also wurde der Fall offenbar schon nach wenigen Tagen ad acta gelegt? Sogar vom führenden Lokalblatt? Es stand nicht einmal in der Zeitung, wann die Beerdigung des bedauernswerten Opfers Franziska K. stattfand.

Als zweite Instanz neben der Presse kam die Feuerwehr ins Spiel, die einen Einsatzbericht aus jener Nacht ablieferte, der sich in der archivierten kartonierten Broschüre »10 Jahre Freiw. Feuerwehr der Stadt Baden von 1938 bis 1947«, erschienen im Mai 1949 (Druckerei Philipp im Auftrag der Feuerwehrleitung), findet: *Eine schwierige Löschaktion ergab sich am 25. August nachts durch das Fehlen der Hydranten in der Vöslauerstraße. Bei einem Brande des Hauses Nr.* ■ *(Gastwirtschaft K. [Name auf Begehr der Angehörigen abgekürzt; Anm.]) mußte das Löschwasser erst aus dem über 100 m entfernten Ziegelofenteich herangebracht werden. Bei diesem Brande ist infolge eines Mordanschlages die Gastwirtin ums Leben gekommen.*

Was in dieser Nacht im August 1946 tatsächlich passiert ist, blieb damals im Dunkeln und wird auch heute nicht mehr ans Tageslicht gelangen.

Es gibt auch die Vermutung, dass ein Russe die Tat begangen haben könnte, was damals während der Besatzungszeit in Baden von den Kommunisten vertuscht wurde. Wahrscheinlich hat man, sollte es auf diese Weise passiert sein, den Täter still und leise in die Heimat verfrachtet und dort bestraft.

Wir gedenken an dieser Stelle Franziska K., deren Tod man verschwieg und die daher nie offiziell betrauert werden durfte. Beerdigt wurde das Mordopfer in aller Heimlichkeit am 30. August 1946 auf dem Stadtpfarrfriedhof (Gruppe 07, Reihe 05, Nr. 28) im Grab der Familie K. – interessanterweise ohne Geburts- und Sterbedatum. Mittlerweile ist ihr Name vom Grabstein verschwunden.

Das ehemalige Gasthaus K. wurde am 4. September 1948 von Karl und Josefine Sam neu eröffnet.

Bei dieser Geschichte mussten die Autoren sowohl alle Namen wie auch die Adresse anonymisieren, da eine Nachfahrin der/des Betroffenen mit Klage gedroht hat.

STADT – LAND – SCHUSS

(1947)

Der November hat es in Baden offensichtlich in sich. Ein Monat, in dem Morde sich häuften – mag's an der Witterung liegen oder bloß Zufall sein. Aber auch im Jahr 1947 war in der Kurstadt ein solches Gewaltverbrechen wieder in »Nebelung« geschehen.

Seit 9. des besagten Monats hatte man den Wiener Kaufmann Anton Prohaska vermisst. Man wusste, dass er nach Baden gefahren war, um Bekannte zu besuchen, aber seit diesem Sonntag fehlte jede Spur von ihm. Bis zum darauffolgenden Mittwoch. Die Befürchtung, dass ihm wohl etwas Letales zugestoßen sein könnte, wurde zur traurigen Gewissheit. Die Leiche Prohaskas wurde in einem Wald am Mitterberg, unweit des berühmten Ausflugsziels Kaiser-Franz-Josef-Museum, in Richtung des Jungendbrunnens, gefunden. Drei Schüsse streckten den Mann nieder, wobei ihn der tödliche ins Herz getroffen hatte, wie man bei der gerichtsmedizinischen Untersuchung feststellte.

Doch was war der Grund? Es fehlten das hufeisenförmige Portemonnaie des Opfers, eine Krokodillederbrieftasche mit immerhin 200 Schilling – damals doch ein nicht unerheblicher Betrag – und seine goldene Taschenuhr, ein Taschenkalender und ein Taschenspiegel wie auch sein Identitäts- und Arbeitsnachweis. Ebenfalls konnte festgestellt werden, dass man die Leiche vom Weg in den Wald hinter ein Dickicht und danach weiter in den Hochwald geschleift hatte.

Die Bekannten in der Karlsgasse, mit denen er gemeinsam bis zur Verabschiedung in der Kirche gewesen war, dachten sich wohl, dass Prohaska bereits wieder zu Hause wäre. Seine Tochter, Maria Fuchs, schlug am Tag nach der erwarteten Rückkunft des Mannes am Sonntag dann höchst besorgt bei der Polizei Alarm, nachdem sie sich zuvor bei den ahnungslosen Leuten in Baden erkundigt hatte, wo ihr Vater denn bliebe.

Erst verlief die Suche noch ergebnislos. Am Mittwoch – also zwei weitere Tage später – kam Maria Fuchs mit ihrem Gatten und einigen Freunden ihres Vaters in die Kurstadt, um sich auf die Spuren des Abgängigen zu begeben. Der Waldabschnitt, den man als beliebtes Ausflugsziel Prohaskas kannte, wurde mit Unterstützung von Gendarmerie und Polizei durchkämmt. Und tatsächlich stieß man endlich auf die Leiche des Vermissten, die mit dessen eigenem Regenmantel bedeckt war. Die Tochter musste den schrecklichen Part der Identifizierung übernehmen. Nun war klar, dass der Milchgeschäftsinhaber nie in seine Wiener Wohnung in der Mommsengasse 17/5, im 4. Bezirk, zurückgekehrt war. Dort hatte er mit seiner Frau ein Zimmer, das unmittelbar an den Laden anschloss, bewohnt. Als einzige Zerstreuung gönnte er sich jeden Sonntag die Ausflüge in die Badener Gegend, die er so sehr liebte.

Bei der gerichtsmedizinischen Untersuchung wurden zwei von den vier Projektilen, die allesamt den Körper durchschlagen hatten, im Wanderrucksack des Getöteten gefunden. Ein Schuss ging eben durchs Herz und war tödlich, zwei durch den Oberkörper und einer durch den Handteller. Man konnte das Kaliber 7,62 mm bestimmen, üblich für sowjetische Dienstpistolen. Seit 1945 war in Baden die Zentrale der gesamten sowjetischen Besatzungsmacht in Österreich etabliert, was für die Bewohner der Kurstadt eine repressive Zeit bedeutete. So wurde beispielsweise fast die gesamte Innenstadt durch einen Plankenzaun vom Rest abgeschirmt und alle Bewohner ausgesiedelt, damit sich die Offiziere und Behörden der Russen in den darin befindlichen Gebäuden niederlassen konnten. Dass es ein

Aufmucken gegen sowjetische Willkür nicht gab, versteht sich von selbst. So wird auch das eine oder andere Verbrechen der Russen einfach ungesühnt geblieben sein, wie schon zuvor in diesem Buch bei einem anderen Fall (Brand in der Vöslauer Straße, Seite 140 bis 149) festgestellt wurde.

Jedenfalls konnte zumindest ein Ohrenzeuge eruiert werden, der beim Holzsammeln, zwischen 14.30 und 14.40 Uhr, die Detonationen der Schüsse gehört und – da er davon ausgegangen war, dass es sich um eine Jagd auf Wild handelte – schnellstmöglich das gefährliche Terrain verlassen hatte.

Von dem Mord bzw. dessen Aufklärung hat man nie wieder etwas gehört. Möglicherweise ist das dem oben erwähnten Umstand, dass Baden unter russischem Oberkommando stand, zuzuschreiben. Auch die Vorgehensweise – der Presse einen Maulkorb zu verpassen – erinnert an den anderen bereits erwähnten Fall aus diesem Buch.

Doch der Name Anton Prohaska dürfte auch schon das Pech an sich kleben gehabt haben. Kurz vor diesem Mord war ein Mann dieses Namens von seinem Sohn erschossen worden – allerdings in Pressburg. Und einen anderen, der ebenfalls so hieß, hatte auf der Straße ein Auto überfahren, woraufhin er wenig später verstarb.

Auch der Schutz des Heiligen in der Hausnische
konnte den Totschlag nicht verhindern.

DER MÖRDER MIT DEM ASCHENBECHER

(1972)

Am 25. Juni 1972 wurde der 29-jährige jugoslawische Gastarbeiter Hamid C. in seinem Zimmer im Haus Antonsgasse 9 in einer riesigen Blutlache tot aufgefunden. Seine Leiche war vollkommen nackt und der Kopf mit einem Polster bedeckt. Aus dem Besitz des Opfers fehlten die Wohnungsschlüssel und ein Plattenspieler.

Bei der Rekonstruktion des Tathergangs konnte eruiert werden, dass der Ermordete am Nachmittag des 24. Juni, wenige Stunden vor dem an ihm verübten Verbrechen, auf dem Weg in sein Quartier gewesen war. Es stellte sich zudem heraus, dass Hamid C. unzählige Kontakte mit Ausländern in Wiener Neustadt, Bad Vöslau und Traiskirchen gepflegt und zu einigen auch sexuelle Beziehungen aufgebaut hatte. Es stand zu befürchten, dass er von den rund 2.000 im Badener Einzugsgebiet ermittelten jugoslawischen Gastarbeitern einen überwiegenden Teil kannte, was für die Polizei eine nahezu unüberblickbare Anzahl von potenziellen Tätern bedeutete.

Bei den Einheimischen war Hamid C. für sein »Hyänenlachen« bekannt und dafür, dass er seine Mitmenschen gerne mit seiner Lebensfreude anstecken und zumindest zum Schmunzeln bringen wollte.

»Er ist oft von Lokal zu Lokal gewandert«, so seine Wirtin, »und hat überall seine Späße gemacht.« Die Kriminalisten hielten es daraufhin auch nicht für ausgeschlossen, dass das Opfer mit seinen Witzen an den Falschen geraten war, der sich von dem Jugoslawen verspottet gefühlt und Rache geübt hatte.

Bei einer neuerlichen Überprüfung der in Baden wohnhaften Bekanntschaften des Mannes brachte die Polizei in Erfahrung, dass eine davon einen Radiorecorder angeboten bekommen hatte. »Als ich ablehnte, sollte ich das Gerät dennoch an mich nehmen, um es im Kollegenkreis zu verkaufen«, so der Betroffene. Es stellte sich heraus, dass es sich zweifelsfrei um den geraubten Plattenspieler aus der Einzimmerwohnung des ermordeten Hamid C. handelte.

Kurz darauf wurde der 24-jährige Jugoslawe Dragoljub M. verhaftet, dem man Dokumentenfälschung und Diebstahl in mehreren Fällen nachwies. Das berichtete die »Badener Zeitung« am 1. Juli 1972. Trotz des Verdachts, dass der Mann weitere Straftaten begangen haben könnte, konnte man ihn mit dem Verbrechen in der Antonsgasse dann doch nicht in Verbindung bringen.

Anfang August desselben Jahres verfolgten die Ermittler eine neue Spur, und schon bald gab es einen weiteren Verdächtigen: den 19-jährigen beschäftigungslosen Wolfgang H. aus Pfaffstätten, der sich angeblich oft abfällig über Hamid C. äußerte.

Nach einer weiteren eingehenden Befragung unter den Gastarbeitern inklusive der Vorlage eines Fotos von Wolfgang H. stand fest, dass er es gewesen war, der dem Jugoslawen den Radiorecorder aufgedrängt hatte.

Es wurde umgehend ein richterlicher Haftbefehl ausgestellt, doch trotz sofort eingeleiteter Fahndung und intensiver Nachforschungen gelang es den Behörden vorerst nicht, den mutmaßlichen Täter aufzuspüren – der schien wie vom Erdboden verschluckt. Bekannte munkelten, er hätte sich nach Deutschland abgesetzt.

Doch schon einen Tag später gelang es den Beamten der Badener Exekutive in den frühen Morgenstunden, den 19-jährigen Angestellten zu verhaften – er war, entgegen anders lautenden Vermutungen, in Baden geblieben und bei einem Freund untergekommen.

Der Verdächtige gestand kurz darauf, Hamid C. mit einem schweren Aschenbecher aus Glas mehrere Schläge gegen die Stirn versetzt zu haben. Da der Jugoslawe danach aber immer noch nicht tot gewesen war, hatte er ihm einen Polster aufs Gesicht gedrückt und ihn anschließend erwürgt. »Ich konnte erst aufhören, als er nicht mehr röchelte, damit der Zimmernachbar ihn nicht hört«, sagte Wolfgang H., bestritt aber zugleich jede Tötungsabsicht und rechtfertigte sich mit den Worten: »Er hat mich belästigt und sich mir unsittlich genähert!« Er gab zudem an, beim Verlassen der Wohnung einen Radiorecorder, einen Plattenspieler mit Stereoboxen sowie mehrere Schallplatten in einem Koffer mitgenommen zu haben – um keine Fingerabdrücke zu hinterlassen. Die Tatwaffe, den gläsernen Aschenbecher, hätte er ebenfalls mitgenommen und später in den Mühlbach geworfen. Wolfgang H. wurde umgehend in das Kreisgericht Wiener Neustadt eingeliefert.

Die Polizei ermittelte kurz darauf auch gegen den 19-jährigen Freund des Täters, den beschäftigungslosen Gerhard M., der sich als Mitwisser vor Gericht zu verantworten hatte.

»Er verhalf seinem Kumpel zur Flucht, brachte ihn mit einem Moped zu seiner Unterkunft und bot ihm Asyl an, obwohl er wusste, was vorgefallen war. So ein Verhalten nennt man auch ›einem Verbrechen Vorschub leisten‹, und das ist ebenso eine Straftat«, lautete die Erklärung eines Kriminalbeamten. »Außerdem hat er in einem Verhör am 7. August bestritten, etwas von dem Mord zu wissen, und behauptet, keine Ahnung zu haben, wer diese brutale Tat begangen haben könnte.«

Wolfgang H. saß 25 Jahre lang hinter Gittern, lebt heute wieder in Freiheit und führt ein unauffälliges Leben in einer kleinen Gemeinde in Niederösterreich.

Zeitzeugen berichten, dass sich der junge Mann oft an der Adresse Antonsgasse 9 aufgehalten und im Hof des Durchgangshauses (zum Kaiser-Franz-Ring 36) mit anderen jungen Leuten geplaudert und geraucht hat. In dem Gebäude befanden sich damals das

Gasthaus »Schamuth«, eine Flipper- und Billardhalle, ein Boxring, eine Kegelbahn sowie das über eine schmale Wendeltreppe erreichbare Kellerlokal »Alamo«, in dem häufig zu Live-Jazzmusik getanzt wurde. Wolfgang H. soll dort häufig Streit gesucht haben, weshalb man sich eher von ihm fernhielt – überhaupt dann, wenn er zu viel getrunken hatte.

Ein ehemaliger Schulkollege des Mörders, Ferdinand H., erinnert sich an ihn noch als Kind: »Der Wolfgang war ein ganz netter, ruhiger Bursche und durchschnittlicher Schüler. Er fiel eigentlich nicht auf, weder negativ noch positiv.« Nun, das hat sich später dann ja geändert!

Durch dieses heute
unscheinbare gemauerte
Portal wurden die Särge
der Ermordeten zu ihrer
letzten Ruhe getragen.

AMOKLAUF
EINES KÜNSTLERS
(1974)

in Todesengel, der himmelwärts schwebt, war das düstere Lieblingsmotiv des im Jahr 1940 geborenen akademischen Aquarellmalers und Graphikers Erich P. aus Baden, das sich wie ein roter Faden durch seine Arbeiten zog. Kein Wunder also, dass der Mann, der im September 1974 seine komplette Familie auslöschte und anschließend sich selbst richtete, von der Boulevardpresse lyrisch »Todesengel« genannt wurde. Geschehen ist die furchtbare Bluttat in einem Anfall von Wahnsinn, wie die Zeitungen berichteten.

P. hatte bereits als 15-Jähriger an der Akademie für Angewandte Kunst in Wien inskribiert, fühlte sich »zwischen den verstaubten Staffeleien« aber schon bald fehl am Platz und verschwand oft für Wochen von der Bildfläche, reiste mit geringen finanziellen Mitteln durch ganz Europa und ließ sich dabei von den unterschiedlichen Kulturen inspirieren.

Anschließend legte er als Externist die Reifeprüfung ab und begann, Medizin zu studieren, brach die Ausbildung allerdings ab, als er bei sich selbst Schizophrenie diagnostizierte. Danach war er als Badewärter im Mineralschwimmbad und Croupier im Casino tätig, ehe er sich 1967 ausschließlich der Kunst zuwandte.

Schon bald wurde seinen Werken in Baden großes Interesse entgegengebracht, sogar Bürgermeister Viktor Wallner besaß einige

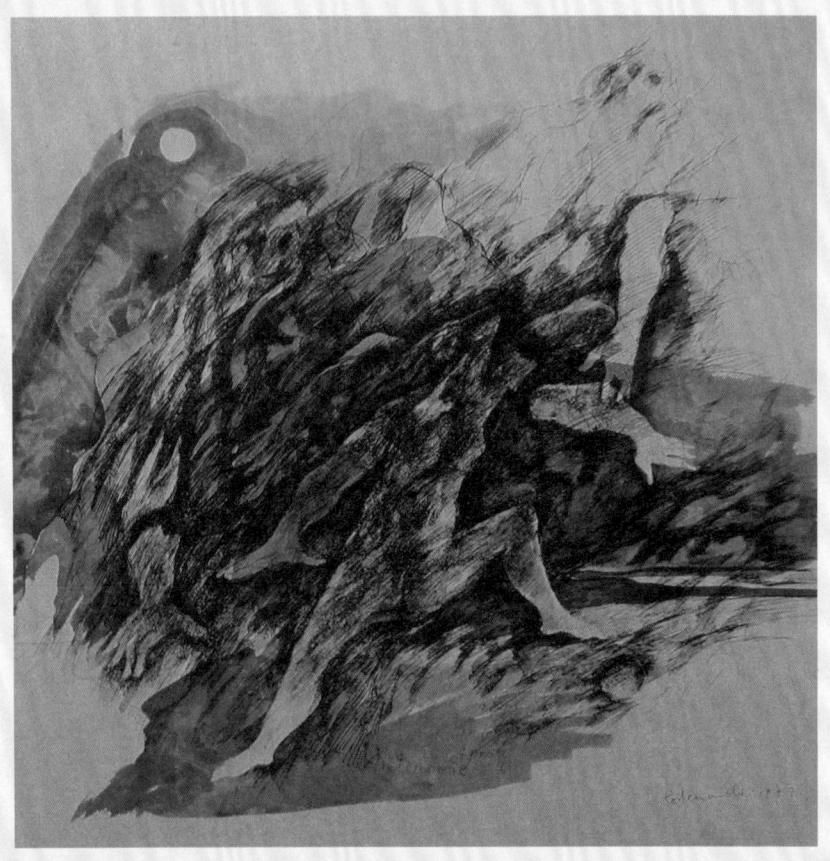

In den Bildern des Malers erkannten Kunstkenner
einen verwirrten Geist und Todessehnsucht.

Bilder von dem jungen Maler. Die erste Ausstellung in seiner Heimatstadt fand von 9. Juli bis 7. August 1971 im Beethovenhaus statt. Im Anschluss daran führte das Lokalblatt »Niederösterreichische Nachrichten« ein Interview mit P. – die Überschrift des Artikels lautete »Butzemänner und Enthäutete«. Damals wurden die Werke des unorthodoxen Künstlers, die »seelische Grabungsversuche«, den »vegetativen Triumph über menschliche Konstruktionen« und »menschliche Wesen im Schmerz der Unterlegenheit gegenüber göttlichem und dämonischem Lebensprinzip« zeigten, noch folgendermaßen beschrieben: *Fast einem barocken Lebensgefühl, jenem geistigen Spannungsfeld zwischen unbändiger Lebensfreude und »Alles ist eitel«, entspringt des Badeners Erich P. [Name abgekürzt; Anm.] künstlerische Vitalität. [...] Malerei ist ihm nicht in erster Linie intellektueller Akt, als vielmehr eine Frage der sublimierten Sinnlichkeit, verbunden mit traumhaften, visionären Erkenntnissen.*

Der Maler selbst gab gegenüber dem Journalisten an: *»Ich will hinter die Haut der Dinge dringen und den absoluten Wert, die Einmaligkeit einer Landschaft, eines Gesichts, die unverlierbare und immer gültige Individualität formal bewältigen. [...] Die Haut ist die menschliche Grenze und Enthäutung der Verlust der Individualität.«*

P. gab an, dass er ohne scheelen Blick nach augenblicklicher Publikumsgunst arbeitete und ihm künstlerische Ehrlichkeit oberster Schaffensgrundsatz wären.

Am 9. Februar 1973 fand die Eröffnung einer gemeinsamen Ausstellung von Erich P. und dem Graphiker Siegbert Schenk im Museum für angewandte Kunst statt, die bis 25. März dauerte und vom Niederösterreichischen Landesmuseum veranstaltet wurde.

Diesem Event waren zahlreiche andere kleinere Präsentationen seiner Werke vorangegangen, beispielsweise im Casino Kitzbühel im Juli 1972 unter dem Titel »der neue Colomb« sowie von 20. September bis 16. Oktober 1972 in den Galerien Basilisk und Kaiser in Wien. Die »Badener Zeitung«, die stets über die Erfolge des heimischen Künstlers berichtete, nannte seine Bilder »schrecklich und schön zugleich«.

Der Künstler, der über
das ganze Gesicht
strahlend seine neuen
Werke präsentierte –
kurz darauf geschah die
Wahnsinnstat.

Aus diesem Fenster
stürzte sich Erich P.
nach dem Mord an seinen
Eltern und seiner Toch-
ter, nachdem seine Ehe-
frau entkommen war.

Die Werke von Erich P. trafen offenbar den Zeitgeschmack und wurden sogar von großen öffentlichen Kunsteinrichtungen wie der Albertina angekauft, ebenso von der Niederösterreichischen Landesregierung. In den Arbeiten dokumentierten sich die sich zunehmend verstärkende Todessehnsucht des Künstlers sowie sein »ewiger Kampf gegen das Dämonische«, wie die »Badener Zeitung« in ihrer Ausgabe vom 27. September 1974 schrieb.

Bei der letzten Vernissage im Februar 1973 stellten Freunde, Bekannte und Kollegen von P. fest, dass der 33-Jährige seine Rolle als Star zwar tadellos spielte, in privaten Momenten aber in sich gekehrt und teilnahmslos wirkte. Er gab Interviews und freundlich Auskunft über die Entstehung seiner Bilder, beantwortete zudem geduldig die Fragen der Anwesenden, hatte aber »stumpfe Augen und einen leeren Blick«, wie eine langjährige Freundin der Familie später angab. Unbeteiligte Besucher des Events meinten nach der Tragödie, in den Werken des Künstlers »den Tod gesehen« zu haben, weshalb die »Kronen Zeitung« am 25. September 1974 in einem Artikel über die Familientragödie schrieb: *Gemälde sind Schlüssel zum Mord.*

»Ich fragte mich, ob er einfach nur müde vom Stress war oder ob er vielleicht irgendwelche Probleme hatte. Schließlich kam ich zu der Vermutung, dass er irgendwas ausbrütete – allerdings dachte ich dabei eher an eine Grippe, im schlimmsten Fall an eine Überlastung, kam aber nicht auf den Gedanken, er könnte längst an einer gefährlichen Geisteskrankheit leiden, die nur noch nicht offen ausgebrochen war«, so eine Freundin des Künstlers.

Im Verlauf der folgenden Monate verschlechterte sich der Zustand des jungen Malers, der im September desselben Jahres Vater einer Tochter wurde. Er wohnte mit seiner 23-jährigen Ehefrau Silvia mittlerweile in Wien, in der Goldschlagstraße 107/3/5/11 im 15. Bezirk. Das Paar hatte erst im Juni 1973 geheiratet.

Silvia arbeitete als Angestellte und wollte nach der einjährigen Karenz auch weiterhin berufstätig bleiben. So kam die kleine Irene schließlich unter der Woche tagsüber in die Obhut von Erichs

Eltern, die als Konditoren arbeiteten und in der Mozartstraße 16 wohnten. In dem Haus im Badener Villenviertel blieben ihr Sohn und die Schwiegertochter häufig über Nacht, beispielsweise wenn es beim Abholen des Kindes spät geworden war. Aber auch am Wochenende hielt sich die kleine Familie aus Wien gern im Grünen bei den Eltern bzw. Schwiegereltern Maria und Bernhard, 63 und 61 Jahre alt, auf und genoss die Idylle der ruhigen Kleinstadt.

Vom 9. April bis 4. Mai fand in der Kleinen Galerie am Badener Hauptplatz eine vom Künstler initiierte Ausstellung statt, die Bilder und Dokumente aus dem Leben von Karl Kraus zum Inhalt hatte. Eigene Werke hatte P. in Baden zuletzt im Juli 1972 im Beethovenhaus präsentiert.

Der freischaffende Künstler, der stets auf lukrative Geschäfte und Bildverkäufe bei den Vernissagen hoffte, schrieb in dieser Zeit auch zahlreiche Briefe an das Land Niederösterreich und lud hochrangige Politiker zu den Veranstaltungen ein. Es nagte nämlich am Selbstbewusstsein des Mannes, dass Silvia wieder arbeiten gehen musste, um ihr Leben und das ihres Gatten und ihrer Tochter mitzufinanzieren.

Vom 22. auf den 23. September 1974 hielt sich das Ehepaar P. wieder einmal bei Erichs Eltern auf. Maria, Bernhard und Silvia hatten nämlich aufgrund des sich zunehmend verschlechternden Zustandes von Erich P. im Familienrat beschlossen, vermeintlich mit dem Einverständnis des Betroffenen, diesen am folgenden Montag zur Untersuchung nach Gugging zu bringen. Wahrscheinlich aus Angst vor einer neuen Einweisung sollte der verzweifelte Maler in dieser Nacht zum eiskalten Mörder seiner gesamten Familie werden. Allerdings nahm das Unglück, das in einem Blutbad endete, bereits am Abend davor seinen Lauf. Erich P. nörgelte am Essen herum, reagierte gereizt und ungeduldig auf seine kleine Tochter und verfiel später in depressive Stimmung, bevor er gegen 22.15 Uhr zu Bett ging. Er schlief allerdings sehr unruhig und wälzte sich seufzend von einer auf die andere Seite. Gegen 1.50 Uhr machte sich der große, korpulente Mann unbekleidet auf den Weg in die Küche, angeblich, um sich ein Medikament zu holen. Seine Ehefrau Silvia folgte ihm.

Was dann passierte, darüber berichtete die »Kronen Zeitung« in ihrer Ausgabe vom 24. September 1974 wie folgt: *Plötzlich sah sie sich nicht mehr ihrem Gatten, sondern dem »Todesengel« gegenüber, der seit P.'s erstem Anstaltsaufenthalt immer wieder durch dessen Hirn spukte und vor dem er Angst hatte. Der Künstler stand nackt in der Küche und hielt am Rücken etwas versteckt. Kaum hatte Silvia ihn angesprochen, stach er sie mit einem Küchenmesser nieder.*

Geistesgegenwärtig stellte sie sich danach tot, weshalb Erich P. von ihr abließ, allerdings kamen nun, von Silvias ersten Hilferufen aufgeschreckt, Maria und Bernhard P. angelaufen, um nachzusehen, was passiert war. Mittlerweile komplett im Blutrausch, rammte der Maler das Messer nun auch in die Leiber seiner Eltern und wartete, bis diese verstorben waren. Die Ehefrau hatte sich indessen trotz eines Lungenstichs hochgerappelt und lief über die Stiege aus der Mansardenwohnung, gefolgt von ihrem Mann, der ihre Flucht bemerkt hatte. Eine Hofratswitwe, die in derselben Villa lebte, hörte die Schreie, sah auf die Treppe und warf die Tür beim Anblick des Nackten entsetzt wieder zu. Silvia flüchtete in ein Klosett am Gang, wo Erich P. sie nicht entdeckte.

In blinder Raserei stürmte der 34-Jährige gleich darauf in das Kinderzimmer und durchtrennte seiner einjährigen Tochter die Halsschlagader. Anschließend folgte Erich P. seiner Ehefrau, die mittlerweile schreiend auf die Straße gelaufen war, konnte sie aber nicht mehr einholen. Da kehrte er in sein im zweiten Stock gelegenes Zimmer zurück und versuchte, sich zu erhängen, doch der Strick riss. Anschließend schnitt er sich selbst die Kehle durch und sprang danach aus dem in elf Meter Höhe befindlichen Fenster in den Garten der Villa. Der Sturz endete tödlich für den Maler.

Der 34-Jährige dürfte vor allem wegen seiner bevorstehenden Untersuchung in der Niederösterreichischen Landesheilanstalt Klosterneuburg vollkommen durchgedreht sein. Der Maler war be-

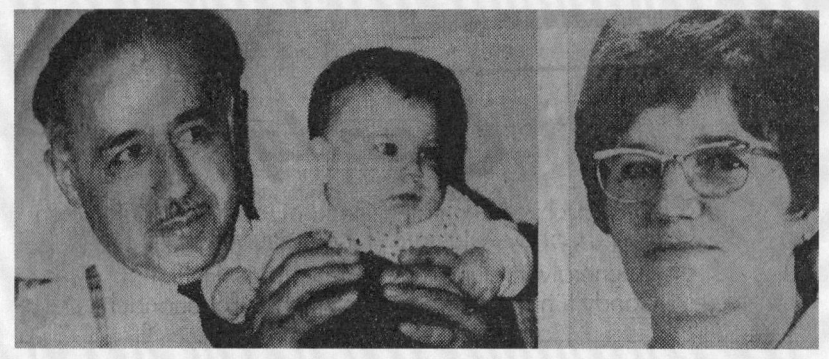

Keiner dieser drei Personen überlebte das Massaker:
Vater, Mutter und Tochter des Mörders.

reits zwei Mal wegen einer diagnostizierten Schizophrenie mit anschließender Psychose in der Klinik in Behandlung gewesen und erst im Sommer 1974 entlassen worden. Er ist einer der »Künstler von Gugging«, die als Vertreter der Art Brut (franz. für »unverbildete, rohe Kunst« als Sammelbegriff für Werke von Laien, Kindern und Menschen mit geistiger Behinderung) gelten, einer Initiative der Akademie Austria. Erst nach seinem Aufenthalt in der medizinischen Einrichtung war dem Maler der endgültige Durchbruch als eigenständiger Künstler gelungen. Trotzdem verschlimmerte sich seine Krankheit sukzessive weiter, zuerst schleichend, doch dann mehr und mehr offensichtlich.

Bei Erich P., so die medizinische Diagnose, die von der APA am 23. September 1974 veröffentlicht wurde, handelt es sich um eine Form der manischen Depression mit »Denkzerfahrenheit und Gefühlsverödung«, die in Schüben verläuft und von Halluzinationen bzw. Wahnvorstellungen begleitet wird. Der Patient schwankt in Phasen zwischen Ideenflug und Gedankeneinengung, wobei die intellektuelle Fähigkeit voll erhalten bleibt, aber nicht genutzt werden kann. Es gibt viele Momente, die ihn völlig gesund wirken lassen, was aber jederzeit in das komplette Gegenteil umschlagen kann, wobei für Außenstehende der Auslöser dafür oft gar nicht ersichtlich ist.

Einige Bekannte ließen nach der Tat verlauten, dass es um den Geisteszustand von Erich P. schon länger nicht mehr gut bestellt gewesen war. »Er hielt sich für den Sohn von Adolf Hitler«, gab ein guter Freund des Malers an und sagte weiter: »Der Tod hat sein Leben eigentlich die ganze Zeit über beherrscht, er war nahezu besessen vom Vorgang des Sterbens.«

Die Ermittlungsbeamten der Kriminalabteilung des Niederösterreichischen Landesgendarmerie-Kommandos kamen nach einer eingehenden Untersuchung zu dem Ergebnis, dass als Tatmotiv Verzweiflung wegen einer möglicherweise bevorstehenden neuerlichen stationären Aufnahme zu gelten habe. Die Angst vor einem weiteren Aufenthalt in der »Klapse« hätte vermutlich einen

»Schub« bewirkt, dem ein Verwirrungs-Impuls als Einleitung des Verbrechens gefolgt war.

Silvia P., das erste Opfer und die Ehefrau des Amokläufers, hat das Attentat überlebt, lag nach der Wahnsinnstat allerdings wochenlang im Krankenhaus.

Auch die Regierung hat der Fall Erich P. beschäftigt, wobei es vorwiegend um die Frage ging, ob der Amoklauf aus medizinischer Sicht hätte verhindert werden können. Ein Primararzt aus Gugging hatte diese »Betreuungslücke« und fehlende Fürsorge für Nachbehandlungen nämlich aufs Schärfste verurteilt und die fehlenden Möglichkeiten des medizinischen Fachpersonals hierfür öffentlich angeprangert.

Beim Niederösterreichischen Landtag hieß es in der siebenten Sitzung am 4. Dezember 1974 (Originalprotokoll):

Ein tragischer Fall, der uns vor wenigen Wochen schockierte und der begreiflicherweise in der Presse starkes Echo in Form von härtester Kritik gefunden hat, forderte vier Menschenleben. Unter anderem hat eine Zeitschrift am 2. 10. dieses Jahres unter dem mir allerdings nicht ganz verständlichen Titel »Zwangsjacke für den Todesengel« noch dazu in der Rubrik »Kriminalität« die Betreuung psychisch Kranker sehr schockartig zur Diskussion gestellt. Als Beispiel, meine Damen und Herren, nur ein paar konkrete Angaben. Der Maler und Dichter Erich P. war seit langem an Schizophrenie erkrankt. Er wurde unter anderem im Psychiatrischen Krankenhaus Klosterneuburg behandelt und ca. 15 Monate zuvor geheilt entlassen. Ein paar Schlaglichter dazu. Ich möchte nichts aus dem Zusammenhang reißen; ich zitiere das Profil vom 2. 10. 1974. Dort wird unter anderem geschrieben: »1000 Menschen auf einem Raum für höchstens 800. Dreistöckige Betten zusätzlich in den 40-Bett-Sälen. Klosett im Schlafsaal. Langjährig Internierte zusammengepfercht mit leichten Fällen. Kloakegeruch in der Anstaltskleidung und in den Gängen, in denen sie auf- und abgehen – wochenlang, jahrelang. Der Anstaltswagen mit den Gummirädern, auf dem jeden Morgen um 6.30 Uhr und jeden Abend um

*17.30 Uhr die gebrauchte Tages- und Nachtkleidung gestapelt wird.
Eine jener Anstalten, in denen den Hilfesuchenden das Menschsein
mehr aberkannt wird als sonstwo.«* Ende des Zitats. Das ist das Bild
des Krankenhauses, wo diese kranken Menschen behandelt werden.
[…] Meine Damen und Herren! Aus dieser kurzen Abfassung von verschiedenen Zitaten können Sie entnehmen, was hier wirklich los ist,
welch verzweifelte Zustände hier leider noch immer gegeben sind. *[…]*
Herr Dr. Grubmüller sagt: *»Nur durch eine exakte Beobachtung und
Beratung wäre der Zusammenbruch P.s«,* also dieses Patienten, *»zu
verhindern gewesen.«*

Einen Tag später, in der achten Sitzung, war man sich einig: *Die
Betreuung der psychiatrisch Kranken nach ihrer Entlassung ist eine
Frage, die wir auch in Niederösterreich lösen werden.*

Heute befindet sich auf dem Platz, auf dem der brutale Mord geschah, eine moderne Wohnhausanlage.

SPÄTES GESTÄNDNIS

(1981)

itte September 1981 erschien in der »Badener Zeitung« folgender Artikel mit der Überschrift »84-Jährige Opfer eines Raubmordes!«: »*Wir tappen noch völlig im Dunklen, was den Täter anbelangt. Sicher handelt es sich aber um ein Gewaltverbrechen, vermutlich war es Raubmord.*« *Diese Worte eines Kriminalbeamten gegenüber der Badener Zeitung bestätigte auch der Obduktionsbefund: Die 84jährige Badenerin Auguste L.* [Name abgekürzt; Anm.] *wurde von einem bisher unbekannten Mörder in der Nacht zum vergangenen Dienstag erdrosselt.*

Nachbarn hatten in den Morgenstunden des 15.9. die Stadtpolizei verständigt, daß bei Auguste L. irgend etwas nicht stimmen dürfte. Als die Beamten die Wohnungstüre gewaltsam öffneten, entdeckten sie die Tote. Ein Blick genügte, um sich zu überzeugen, daß es sich nicht um einen natürlichen Todesfall handelte. Die Ermordete wies starke Würgespuren am Hals auf, und die Wohnung war durchwühlt.

Die Kriminalbeamten der Stadtpolizei Baden unter Gruppeninspektor Loidl gaben Mordalarm. Die Mordkommission unter Oberstleutnant Tranninger nahm gemeinsam mit der Stadtpolizei die Erhebungen auf, die zu Redaktionsschluß noch auf Hochtouren liefen. Zahlreiche Hinweise der Bewohner des Hauses Beethovengasse 6, wo die Frau zuletzt wohnte, ergaben noch keine konkrete Spur.

Sicher ist, daß Auguste L. den oder die Täter gut gekannt haben muß. Die alleinstehende Frau ließ nur Personen, die ihr vollstes Vertrauen besaßen, in die Wohnung. Durch die Obduktion konnte auch der Zeitpunkt der Bluttat festgelegt werden: Der Mörder muß in den frühen Abendstunden des Montags zugeschlagen haben. Noch Montag vormittag hatte Frau L. beim Wohnungsamt der Stadtgemeinde – sie ist Eigentümerin des Hauses, in dem die Tat geschah – vorgesprochen, um einige Kleinigkeiten zu klären.

Auguste L., die trotz ihres hohen Alters noch sehr rüstig war und selbst den Haushalt führte, lebte von einer verhältnismäßig schönen Pension und dürfte auch größere Ersparnisse zu Hause aufbewahrt haben. Wie groß die Beute war, die dem Verbrecher in die Hände fiel, konnte bis zur Stunde noch nicht geklärt werden.

Zwei Tage nach der Tat munkelte man in der Bevölkerung, dass eine 40- bis 50-jährige Frau als Täterin infrage kam, diese Vermutung wurde jedoch seitens der Polizei nicht bestätigt. Augenzeugen wollten gesehen haben, wie Auguste L. am Montagabend Besuch von einer Frau erhielt, und gehört haben, wie sie sich in der Wohnung der Pensionistin mit ihrer Gastgeberin stritt.

Zum selben Zeitpunkt ging die Meldung durch die Presse, dass der Täter alle Räume durchsucht, dabei verschiedene Verstecke aber übersehen und trotzdem insgesamt 28.000 Schilling erbeutet hatte.

Am 13. Oktober 1981 verhafteten die Ermittler in diesem Fall, der damals als ein an Facetten reiches Kriminalrätsel voller Widersprüche und Gegensätze bezeichnet wurde, einen Verdächtigen. Es handelte sich um den 22-jährigen Spengler Wolfgang F., dessen 42-jährige Mutter Hannelore neben dem Opfer gewohnt hatte. Der junge Mann war von seiner Lebensgefährtin Romana schwer belastet worden, stritt die Tat jedoch ab. Er gab lediglich zu, sich von der Seniorin manchmal Geld geborgt zu haben.

Die 22-jährige Sonderschülerin Romana D. sagte Folgendes aus: »Ich bin ihm am Mordtag bis zum Haus von Auguste L. gefolgt und konnte dann von der Straße aus beobachten, wie er mit einem rosa

Halstuch in der Hand auf die Frau zugegangen ist. Dann war ein
›Pumperer‹ zu hören und der Wolfgang hat sich mit einem Wurst-
brot auf einen Sessel gesetzt und eine Zigarette geraucht.« Als er sie
entdeckt hatte, schrie er angeblich: »Verschwind', du Hur«. Romana
D. konnte die genaue Lage der Toten angeben und eine Skizze an-
fertigen, welche die Stellung der Möbel in der Wohnung der Ermordeten genau zeigte – obwohl die junge Frau nie in der Wohnung der
Toten gewesen war.

Kurz darauf zog die Freundin des Verdächtigen bei einer Gegenüberstellung mit ihm ihre Aussage zurück – vermutlich aus Angst
vor Brutalitäten. Wolfgang F. musste daraufhin aus Mangel an Beweisen wieder freigelassen werden.

Romana D. wurde wegen Verleumdung angeklagt und hatte sich
am 16. April 1982 am Gericht in Wiener Neustadt vor einem Schöffensenat zu verantworten. Bei der Verhandlung gab sie an, dass sie
von Beamten der Mordkommission nach dem Widerruf aus dem
Zimmer geführt und geschlagen worden war. Danach hätte sie ihren
Lebensgefährten abermals beschuldigt. Der Spengler soll sie daraufhin auf dem Revier angebrüllt haben: »Bist du narrisch? Die sper-
ren mich ja lebenslänglich ein.« Daraufhin zog sie ihre Aussage ein
zweites Mal zurück und beschuldigte einen Freund ihres Partners,
den 25-jährigen Emil Becher aus Baden, die Tat begangen zu haben.
Wolfgang F., der sich bei seiner Vernehmung mehrmals widersprach, wurde wegen Verdachts der falschen Zeugenaussage sowie
wegen Zeugenbeeinflussung in Haft genommen, ging aber neuerlich
nach kurzer Zeit frei.

Zwei Jahre nach ihrer Verhandlung, bei der Romana D. und ihr
Partner Geldstrafen erhalten hatten, heirateten die beiden und bekamen vier Kinder.

Zehn Jahre später gab es wieder Mordalarm in der Beethovengasse 6, als die 77-jährige Leopoldine P. tot in ihrer Wohnung aufgefunden wurde. Die betagte Witwe war aber erfroren, wie sich rasch
herausstellte.

13 Jahre später brach die Ehefrau des Verdächtigen im Fall Auguste L., von dessen Schuld die Polizei all die Jahre überzeugt war, ein weiteres Mal ihr Schweigen. Sie wurde im März 1994 zu einem Diebstahl befragt, und als ihr ein Kriminalbeamter die Tat vorwarf, beteuerte sie: »Ich lüge nicht. Und ich habe auch damals nicht gelogen, als ich sagte, dass mein Mann die alte Frau ermordete. Nur aus Angst habe ich die Aussage widerrufen. Wolfgang hat mich bedroht und geschlagen.«

Man hat den mittlerweile 35-Jährigen daraufhin erneut verhaftet, und dieser gestand die Bluttat sofort in allen grausigen Details. Er sagte zuerst aus, seine Mutter an dem Tag besucht zu haben und danach zu Auguste L. gegangen zu sein, um sich wieder Geld von ihr zu borgen. Als sie abgelehnt hatte, war er wütend geworden. »Da legte ich ihr ein Tuch um den Hals und zog zu. Wie lange, weiß ich nicht … Anschließend habe ich die Wohnung durchsucht, ohne etwas zu finden, und bin dann zum Heurigen gegangen, um noch ein oder zwei Viertel Rotwein zu trinken. Ich bin froh, dass ich den Mord jetzt gestehen kann. Seit 13 Jahren habe ich deswegen ein schlechtes Gewissen. Mein weiteres Leben war eine Katastrophe, ich bin Alkoholiker und von Medikamenten abhängig«, schloss er sein Geständnis vor Oberst Alfons Tranninger, demselben Beamten, der ihn schon 1981 verhaftet hatte – um es ein paar Tage später vor dem Untersuchungsrichter zu widerrufen. Und wieder war der Polizei völlig klar, dass es F. gewesen sein musste, da er Details schilderte, die nur der Mörder kennen konnte. Daher klickten neuerlich die Handschellen, der Spengler saß das dritte Mal hinter Gittern. Romana D. tauchte unter – vermutlich aus Angst vor der Rache ihres Ehmanns, sollte dieser wieder freikommen. Doch der Spengler blieb im Gefängnis und wurde in einem Prozess tatsächlich für schuldig befunden, Auguste L. ermordet zu haben. Und so erhielt der Mörder der alten Dame letztlich doch noch seine gerechte Strafe.

DIE TOTE MIT DEM TRAUERFLOR

(1982)

A m 24. März 1982 berichteten die lokalen Medien am späten Abend, dass der im Mordfall Gertraud A. Verdächtige nach der Befragung durch die Polizei wieder nach Hause gehen durfte. Es handelte sich um den geschiedenen Ehemann des Opfers, einer 34-jährigen Angestellten des Reaktorzentrums Seibersdorf: den 36-jährigen Peter A. Die Entscheidung hatten die Behörden in den frühen Abendstunden desselben Tages aus Mangel an Festnahmegründen gefällt. Doch nicht nur die Identität des Täters gab den ermittelnden Kriminalisten bei der Gendarmerie Baden zu diesem Zeitpunkt Rätsel auf, sondern auch der genaue Zeitpunkt, zu dem das brutale Verbrechen an der jungen Frau verübt worden war. Als gesichert galt nur, dass sich Gertraud A. am 14. März nach einem Besuch in ihrem Elternhaus in Hof am Leithagebirge von ihrem Vater und ihrem Bruder verabschiedet und das Grundstück anschließend mit ihrem gelben Opel Manta verlassen hatte. Ihre Angehörigen sollten sie an diesem Tag das letzte Mal lebend sehen. Von da an bis zur Entdeckung ihrer Leiche unter einem Laubhaufen im Badener Kurpark am Sonntag, dem 21. März, war sie spurlos verschwunden gewesen. Laut Meinung der Gerichtsmediziner musste sie zwischen dem 14. und der Nacht von 16. auf 17. März nachts ermordet worden sein. Diese Schlussfolgerung lässt ein Strafmandat wegen Falschparkens zu, das ein Exekutivbeamter am

16. März unter dem Scheibenwischer ihres Wagens zurückgelassen hatte.

Es folgt eine Chronologie des Verbrechens, soweit dieses rekonstruiert werden konnte.

Gertraud A. war verzweifelt und fühlte sich ausgelaugt: die Scheidung von ihrem Mann nach 15 Jahren Ehe zwei Monate zuvor, unterschiedliche Auffassungen über die Vermögensaufteilung, die ungewisse Zukunft als alleinerziehende Mutter von zwei kleinen Söhnen, die vorübergehend beim Vater lebten, und dann auch noch kurz zuvor der Tod der geliebten Mutter. In schwermütiger Stimmung wollte sie sich eine Atempause von der Hektik ihres problembehafteten Lebens gönnen, Kraft tanken und Frieden finden inmitten der Natur. So beschloss sie, von ihrem Wohnort Reisenberg nach Baden zu fahren und im Kurpark spazieren zu gehen, vielleicht sogar bis weit nach oben zu wandern, um die Stille im Wald zu genießen, den Duft nach Holz, Moos und Erde einzuatmen, eine Auszeit zu nehmen vom Alltag.

Kühle Luft schlug ihr entgegen, als Gertraud A. aus ihrem Opel Manta stieg, den sie geistesabwesend widerrechtlich im Parkverbot in der Nähe des Finanzamts abgestellt hatte. Doch die zierliche junge Frau war warm angezogen, trug Jeans, eine gelb-rot-blau gestreifte Bluse, darüber einen weinroten Pullover, ein schwarz kariertes Kopftuch und einen blauen Mantel. An einem Ärmel befand sich ein Trauerflor, zum Gedenken an die tote Mutter.

Nach einem längeren Fußmarsch erreichte die 24-Jährige die Anna-Höhe und setzte sich dort auf eine Bank, um ein wenig zu rasten. Sie streckte ihre Beine von sich, genoss die Frische des Tages und die Ruhe … die plötzlich unterbrochen wurde von einem Geräusch! Ehe die Angestellte noch so richtig realisieren konnte, was geschah, griff ein neben ihr aufgetauchter Mann nach ihr, würgte sie und stach danach sechs Mal auf sie ein. Der Täter schien entweder in einen Blutrausch verfallen zu sein oder das Opfer abgrundtief zu hassen und sichergehen zu wollen, dass es den Angriff nicht überlebte. Die zweifache Mutter war dem Gewaltexzess chancenlos, ohne jede Möglichkeit zur Flucht, ausgeliefert und schon kurze Zeit nach dem ersten Messerstich in den Oberkörper tot. Der unheimliche Fremde schleifte sein Opfer 300 Meter weiter zu einer Mulde, versteckte die Leiche unter Laub und Erde und entkam, ohne Spuren zu hinterlassen – ein dunkles Phantom, das so unbemerkt verschwand, wie es aufgetaucht war.

Tage später, am Abend des 21. März, wanderte ein Parkaufseher in der Nähe des Berger-Weges durch den Kurpark, auf dem Weg zum Rudolfshof. Der Wächter befand sich auf der Suche nach Dachsbauten und streifte dafür abseits des Pfads durch das Dickicht. Er durchstöberte jeden Hügel, als er in einer Mulde unterhalb des beliebten Ausfluglokals auf einen blauen Damenmantel stieß, der scheinbar achtlos weggeworfen worden war. Als der Mann das Kleidungsstück vom Boden aufheben wollte, um es später im Fundbüro Baden abzugeben, prallte er entsetzt zurück. Wie in einem Leichensack befand sich in dem dicken Stoff eingewickelt der leblose Körper einer jungen Frau: die Tote mit dem Trauerflor, wie Gertraud A. später von der Presse genannt werden sollte.

Der schockierte Parkaufseher verständigte sofort die Polizei, kurz darauf begann die Spurensuche im Kurpark. Dutzende Beamte durchkämmten mit Taschenlampen das Unterholz rund um den Auffindungsort der Toten. Doch sie fanden … nichts – außer der Brille der jungen Frau, die in der Nähe des Tatorts auf dem Boden lag und von einem Kampf zwischen Täter und Opfer zeugte.

Es stellte sich außerdem heraus, dass der Mörder die Handtasche von Gertraud A. mitgenommen hatte, samt Ausweis, Auto- und Wohnungsschlüssel, vermutlich, um die Identifizierung zu erschweren. Die Leiche trug bei ihrer Auffindung nur noch eine Ein-Schilling-Münze und ein Papiertaschentuch bei sich.

Am 23. März konnte die Ermordete als die verschwundene Gertraud A. identifiziert werden, die von ihrem Bruder bereits als vermisst gemeldet worden war. Das gelbe Fahrzeug der Angestellten wurde am Folgetag beim Finanzamt entdeckt.

Die Badener Beamten sowie die Fahnder der zuständigen Dienststelle des Landes Niederösterreich ermittelten nahezu rund um die Uhr, um Hinweise auf die Identität des grausamen Unbekannten zu erhalten. Mehr als 300 Flugzettel wurden damals verteilt und die Einwohner der Kurstadt um Mithilfe gebeten.

Zugleich erschien in der »Badener Zeitung« mehrfach folgender Appell *Zur Zeit braucht allerdings niemand Angst zu haben, wenn er in den Kurpark geht. Das Gelände wird nach wie vor von zahlreichen Beamten scharf überwacht, nicht zuletzt in der Hoffnung darauf, daß es den Täter zur Stätte seiner Untat zurückziehen könnte.*

Ebenso zur Sprache kam in diesem Zusammenhang folgender Umstand: *Durch den Mord ist ein Problem im Badener Kurpark in den Mittelpunkt gerückt worden, über das normalerweise eher geschmunzelt wird. Es sind die Exhibitionisten, die immer wieder auftreten, um Passanten ihre Männlichkeit zur Schau zu stellen.*

Mit der Zeit gab es erste Spuren im Fall des Mordes an Gertraud A., doch diese verliefen bei genauerer Recherche alle im Sand.

Weiterhin blieb auch das Motiv ein Rätsel, wie ein Kriminalist der Mordkommission im Jahr 1982 der Presse verriet: »Der Täter hat seinem Opfer zwar die Hose heruntergerissen und den Pullover verschoben, weshalb zuerst auch ein Sexualdelikt vermutet wurde. Doch die Obduktion durch die Gerichtsmediziner ergab eindeutig, dass keine Vergewaltigung vorlag.« Getötet worden war die Frau mit einem Messer, das eine circa 17 Millimeter breite Klinge besaß. Von den sechs ihr durch die Kleidung zugefügten Stichen in die Brust und in den Rücken hatte einer das Herz getroffen und unmittelbar zum Tod geführt.

Die Befragungen einiger »Rübezahls«, wie die »Badener Zeitung« damals verwahrloste Männer nannte, die durch den Kurpark streiften, brachten ebenfalls keine Hinweise. Dann geriet plötzlich ein etwa 35-jähriger polnischer Flüchtling unter Verdacht, der im

Lager Traiskirchen wohnte und mit einem knallgelben Fiat unterwegs war. Es hieß, er sei etwa 1,75 Meter groß, hätte brünettes Haar, einen Oberlippenbart und schon mehrmals Frauen in Parkanlagen belästigt. Dieser Mann konnte allerdings nie ausgeforscht werden.

Wie bereits erwähnt, geriet auch der Ehemann des Opfers kurzfristig ins Visier der Ermittler, doch auch in diesem Fall blieb eine genauere Untersuchung ergebnislos.

Gertraud A., die im Badener Kurpark einfach nur spazieren gehen wollte, fand dort nicht die ersehnte Ruhe, sondern den Tod!

Die heute nicht mehr in Betrieb stehende Kaserne,
einst stolzes Zeichen für Baden als Garnisonsstadt.
Davor befand sich vor einigen Jahrhunderten eine
Hinrichtungsstätte.

EIN OFFIZIER UND KEIN GENTLEMAN

(1984)

A m 15. November des Jahres 1984 überschlug sich die Presse in ihren Abendausgaben mit Meldungen über einen Mord, der in der Nähe der Martinek-Kaserne passiert war.

Das Drama nahm seinen Lauf, als ein junger Mann beschloss, sich die schlechte Behandlung durch seinen Schwiegervater nicht mehr gefallen zu lassen und zu handeln.

Der 33-jährige Robert P. fühlte sich durch den Vater seiner 27-jährigen Ehefrau Josefine, den 55-jährigen Bundesheer-Oberst Willibald M., gemobbt. Angeblich hielt der Mann nicht viel von seinem Schwiegersohn, der bei der Stadtgemeinde Baden angestellt war, und ließ ihn seine Abneigung bei jeder kleinsten Gelegenheit spüren. Zudem soll er auch laufend versucht haben, seine Tochter gegen ihren Ehemann, den sie im Jahr 1975 geheiratet hatte, aufzuhetzen. Willibald M. verfolgte laut Robert P. das Ziel, dass sich seine Gemahlin, die er über alles liebte, von ihm trennte.

Gegen sechs Uhr morgens betrat ein aufgeregter junger Mann den Gendarmerieposten in Baden und sagte: »Ich habe meinen Schwiegervater Oberst M. erschossen! Ich habe das Schwein geschlachtet, weil es meine Familie zerstört hat!« Die Tatwaffe, eine Schrotflinte mit abgeschnittenem Lauf, brachte er mit und händigte sie freiwillig den anwesenden Beamten aus. Im Verlauf der ersten Befragung gab Robert P. an, dass er sich mit dem Opfer gestritten hatte.

Er erzählte außerdem, dass sich seine Ehefrau nur wegen der Einmischerei von M. am 7. November – wir sehen wieder, das Verhängnis nimmt in Baden vorzugsweise im November seinen Lauf – tatsächlich von ihm hatte scheiden lassen. Die beiden hatten zwei Kinder, mit denen sie bereits ausgezogen war: den achtjährigen Thomas und den vierjährigen Mario. Als ein Familienzwist, bei dem sich Willibald M. auch in die Erziehung der beiden Söhne einmischte, eskalierte, wäre es ihm zu viel geworden. Als dann auch noch seine Gattin an ihm und seinen Qualitäten als Vaterfigur für die Buben herumzunörgeln begann, hatte er einen folgenschweren Entschluss gefasst und gleich darauf den Plan dazu geschmiedet, den er wenig später in die Tat umsetzte.

Er kaufte sich am 13. November in einem Waffengeschäft in Wiener Neustadt eine Schrotflinte und sägte den Lauf ab, um die Waffe besser in seinem Mantel verstecken zu können. Am 15. November lauerte P. gegen 5.30 Uhr dem Oberst auf dessen Weg von seinem Wohnort, den ärarischen Offizierswohnungen in der Albrechtsgasse, zur Eisenbahn auf, mit der dieser zu seiner Dienststelle im Verteidigungsministerium in Wien fahren wollte. Er ging dabei den weiten Weg über die Vöslauer Straße bis zum Bahnhof zu Fuß, meist in Begleitung von Oberst Josef K., ebenfalls ein Bundesheerangehöriger.

In der Nähe der Martinek-Kaserne forderte Robert P. den anderen Mann auf, ihn mit seinem Schwiegervater alleine zu lassen, da er mit diesem zu reden hätte. Nach einem heftigen Wortwechsel drückte Robert P. dann im Beisein von Josef K. auf den Abzug seiner Schrotflinte und feuerte vier Mal auf Willibald M. Dessen Begleitperson und Zeuge der grausamen Bluttat versuchte noch, erste Hilfe zu leisten, doch der Schwerverletzte verstarb unmittelbar darauf noch an Ort und Stelle.

Laut Zeugenaussagen der damals in der Martinek-Kaserne anwesenden Soldaten hatte man das Donnern der Schüsse dort vernommen und sofort Schlimmes vermutet. So berichtet der bekannte

Badener Unternehmer und ehemalige Gemeindemandatar Hannes Stiastny, der zu diesem Zeitpunkt als junger Offizier im Casino der Kaserne mit anderen Kameraden beisammensaß, dass ganz deutlich die Schüsse zu hören gewesen waren und auch einige der Offiziere sofort Nachschau gehalten hätten. Einer sei daraufhin auch wieder zurückgekehrt und hatte mitgeteilt, dass »der M. erschossen worden« wäre.

Am Nachmittag des 15. Novembers erfolgte ein Lokalaugenschein im Beisein von Oberst K., um den genauen Ablauf des Verbrechens zu rekonstruieren. Robert P., der nach Angaben der Gendarmerie im Wesentlichen geständig war, nahm nicht daran teil. Er fühlte sich dazu angeblich nicht imstande und wurde in der Zwischenzeit in das Kreisgericht Wiener Neustadt eingeliefert. Die beiden Buben, Thomas und Mario, hatten damit nicht nur ihren Großvater verloren, sie mussten auch für einige Jahre auf ihren Vater verzichten.

Im Prozess, in dem ihm Mord sowie schwere Nötigung seiner Ex-Gattin Josefine zur Last gelegt wurden, widerrief P. sein Geständnis und gab an, dass er mit Willibald M. nur sprechen und danach vor dessen Augen Selbstmord begehen wollte. Als der Oberst das zu verhindern versuchte und nach der Waffe griff, lösten sich laut Angabe des Täters versehentlich zwei Schüsse – und als er seinen Schwiegervater mit großen Schmerzen am Boden liegen sah, feuerte er noch zwei Mal, um den Mann von seinen Qualen zu erlösen.

Als er gefragt wurde, wie es bei der Gendarmerie zu seiner Aussage gekommen war, er hätte »das Schwein geschlachtet«, gab er an, verwirrt gewesen zu sein.

Dieser Version schenkten die Geschworenen keinen Glauben, auch weil sie durch einen Schusssachverständigen entkräftet wurde: Oberst M. traf eine Schrotladung in die linke Schulter und in die Halsgegend. Als er die tödliche Gefahr, in der er sich befand, erkannte und weglaufen wollte, überholte ihn Robert P. und drückte noch zwei Mal ab. Und so erhielt Robert P. wegen Mordes und schwerer Nötigung am 10. Oktober 1985 25 Jahre Haft.

Ein Ausweisfoto des Täters, das nach dem Mord-
anschlag in den Printmedien publiziert wurde.

Wegen eines Formalfehlers – der Angeklagte war nicht gefragt worden, ob er im Affekt gehandelt habe – wurde das Urteil jedoch schon bald wieder aufgehoben. Kurz darauf stand der Mörder wiederum vor dem Richter. Er bekannte sich nicht im Sinne der Anklage schuldig, sondern lediglich der fahrlässigen Tötung unter besonders gefährlichen Verhältnissen. Doch auch in der zweiten Verhandlung wurde Robert P. schuldig gesprochen und mit demselben Strafmaß ins Gefängnis geschickt.

Detail am Rande: Einem Mithäftling, der im März 1987 seine 31-jährige Ehefrau durch einen Kopfschuss getötet hatte, gab er den Tipp, sich auf Schlaftrunkenheit zu berufen. Aufgrund eines psychiatrischen Gutachtens änderte der Mann seine Aussage allerdings wieder.

Nach seiner Entlassung 25 Jahre später fand Robert P. nicht mehr ins Leben zurück: Seine Frau hatte sich längst von ihm scheiden lassen, die Kinder waren ihm fremd geworden und er bekam trotz aufwändiger Suche keinen Job. Er begann, an einer Depression zu leiden, und beschloss, seinem Leben ein Ende zu setzen.

Von 7. auf 8. Juni 2010 fuhr Robert P. mit seinem weißen VW Golf nach Gaaden, parkte den Wagen in einer Waldlichtung, verstreute Anzündholz rund um ihn herum und entfachte ein Feuer. In den frühen Morgenstunden gegen 7.30 Uhr entdeckten Spaziergänger das ausgebrannte Fahrzeugwrack und die darin befindliche verkohlte Leiche. Das berichtete das Gratisblatt »Heute« in seiner Abendausgabe desselben Tages.

An einer der verkehrsreichsten Straßen Badens passierte der Mord wegen 1.700 Schilling.

EINE ERSCHLAGENE OMA

(1992)

Die 69-jährige Auguste H. hat ein unauffälliges Dasein geführt. Sie war sparsam und fleißig, arbeitete in ihrem Alter immer noch als Bedienerin und machte Besorgungen für betagtere Herrschaften in ihrer Wohngegend. Dennoch lebte sie in den letzten Jahren vor ihrem gewaltsamen Tod zurückgezogen und ging kaum irgendwohin, nur ihre Nachbarn besuchte sie hin und wieder. Sie leistete sich in ihrem Häuschen mit der Adresse Herrnkirchengasse 1 nicht einmal ein Telefon. Doch sie hatte Familie, die sich regelmäßig um die alte Dame kümmerte.

Am Dienstag, dem 7. Jänner 1992, befand sich die Tochter der rüstigen Pensionistin in großer Sorge, da Auguste H. laut der Besitzer des Gebäudes von nebenan schon seit Sonntag nicht mehr gesehen worden war und sich seither auch bei ihrer Familie nicht gemeldet hatte. Gegen 17 Uhr machte sie sich auf den Weg zu dem Einfamilienhaus ihrer Mutter und klingelte Sturm. Als niemand öffnete, schlug sie zusammen mit ihrem Sohn (dem Bruder des Mörders) das Toilettenfenster ein und verschaffte sich auf diese Weise Zutritt. In den Räumlichkeiten der alten Dame bot sich ihr nach längerer Suche dann im Keller ein Bild des Schreckens: Die Seniorin lag zusammengesackt auf dem Fußboden, ihre Hände waren gefesselt, in ihrem Mund steckte zwischen den aufgeplatzten Lippen ein dicker Knebel, und der Hinterkopf wies eine klaffende blutige Wunde auf. Die erschütterte Tochter alarmierte sofort die Polizei, die kurz darauf mit einem Team aus Polizisten und Rettungsleuten eintraf. Die Todesursache war der mit einem vermutlich schweren Gegenstand eingeschlagene Schädel, so die Diagnose des anwesenden Mediziners, als Motiv lag möglicherweise ein Raubmord vor, so die erste Analyse bzw. Vermutung der Beamten. Vom Täter fehlte jedenfalls erst einmal jede Spur, weshalb die Ermittlungen der Niederösterreichischen Kriminalabteilung sofort auf Hochtouren zu laufen begannen.

Es stellte sich heraus, dass Auguste H. mit einer Hacke erschlagen worden war.

Trotz fieberhafter Suche nach dem grausamen Mörder, zu der schon bald Beamte der Niederösterreichischen Sicherheitsdirektion (Gruppe Windisch) hinzugezogen wurden, tappten die Ermittler vorerst im Dunkeln und konnten nicht feststellen, was hinter dem gewaltsamen Tod dieser alten Dame steckte.

Doch im Zuge der Recherchen fiel schon bald der Verdacht auf den Enkelsohn der Pensionistin, den 21-jährigen gelernten Maurer und Zeitsoldaten Thomas K., Spitzname »Ladi«, und Sohn der Frau, die ihre Mutter tot aufgefunden hatte. Es kristallisierte sich heraus, dass der in Traiskirchen lebende Präsenzdiener erst kürzlich aus der Martinek-Kaserne in Baden desertiert war. Es fahndete auch bereits die Militärstreife nach ihm, da er seit Tagen nicht mehr zum Dienst erschien. Hochverschuldet, hatte der junge Mann, der sein ganzes Geld im Casino, in einschlägigen Lokalen, in Wettbüros und auf der Pferderennbahn verzockte, seine Oma schon öfters bestohlen und war deshalb nur eine Woche zuvor von ihr aus dem Haus gewiesen worden. Sie hatte ihm noch zu Weihnachten 3.500 Schilling gegeben, aber dabei klargestellt, dass er zukünftig kein Geld mehr von ihr bekommen würde. Einen Teil der Summe sollte er zur Bezahlung einer Disziplinarstrafe von 1.660 Schilling verwenden, was er jedoch nicht tat und den kompletten Betrag im Casino verspielte.

Die Fahndung nach dem Verdächtigen führte schon bald zum Ziel, sprich zum Mörder seiner eigenen Oma: Thomas K. wurde eines Abends in seinem Stammcafé »New York« aufgegriffen. Zuvor hatte er noch bei einer Bank Silbermünzen verkauft, die er von seinem Bruder gestohlen hatte. Er gestand das Verbrechen schon auf der Fahrt zum Revier, wohin man ihn zum Verhör brachte. Er zeigte dabei keinerlei Reue, berichtete ein Kriminalist später: »Der Bursche ist völlig emotionslos, nichts tut ihm leid, nur er sich selbst!«

Er erzählte, wie es zu der Tat gekommen war: Nach der Desertion aus der Kaserne nahm er seiner Mutter heimlich deren Zweitschlüssel zum Haus der Oma weg, weshalb diese am 7. Jänner ein Fenster einschlagen musste. Auch andere Dinge hatte er im Elternhaus entwendet, sodass die Frau ihre Türschlösser austauschen ließ – um ihren eigenen Sohn vom Stehlen abzuhalten. Der 21-Jährige versteckte sich daraufhin auf dem Dachboden des Hauses in der Herrnkirchengasse 1 und rauchte dort Zigaretten, die er zuvor seinem Bruder gestohlen hatte. Die von der Polizei aufgefundenen Stummel brachten die Beamten dann auch auf seine Spur. Am Samstagabend, es war der 4. Jänner, sah K. seine Großmutter aus dem Haus gehen und verließ daraufhin sein Versteck, um sich etwas zu essen zu holen. Als die alte Dame überraschend zurückkam, verbarg er sich in einem Schuppen, wo er mehrere Hacken fand. Mit einer davon ging er auf die Seniorin los und zertrümmerte ihr gnadenlos den gesamten Kopf, fesselte und knebelte die sterbende Frau, stülpte ihr ein Plastiksackerl über den Kopf und warf sie über die Treppe in den Keller. In ihrem Einkaufskorb befanden sich nur 1.700 Schilling, doch der junge Mann hoffte, in der Wohnung die Ersparnisse der 69-Jährigen zu entdecken. Thomas K. durchsuchte jeden Raum, riss Kästen und Läden auf, fand aber nichts. Die Sparbücher seiner Oma waren zu gut versteckt. Nach der Tat quartierte er sich im Haus seines Opfers ein, hoffend, vielleicht zufällig noch auf Wertsachen oder weitere Geldbeträge zu stoßen.

Als Motiv für die Bluttat gab der skrupellose Enkel Spielschulden in Höhe von etwa 10.000 Schilling an, von denen er nicht mehr wusste, wie er sie zurückzahlen sollte. Zudem konnte er nichts mit sich anfangen, nachdem er in der Kaserne unzählige Disziplinarstrafen wegen überzogener Krankenstände sowie anderer Vergehen erhalten hatte und deshalb desertiert war. Eine Freundin hatte der Mörder nicht.

»Fahr ma jetzt in die Kasern?«, fragte Thomas K. am Donnerstag, dem 9. Jänner, als ihn die Beamten der Niederösterreichischen Mordkommission und Stadtpolizei Baden nachmittags aus dem Gefängnis in Wiener Neustadt abholten.

Doch nein, er wurde zum Tatort gebracht, wo der junge Mann am Samstag zuvor seine Großmutter ermordet hatte. Auch der Untersuchungsrichter Dr. Hubert Z. war dabei, als K. die Tat in allen Details demonstrierte: wie er sich am Dachboden verbarg, der Frau auflauerte, sie mit mehreren Axthieben niederschlug und anschließend gefesselt und geknebelt in den Keller beförderte. »Dann habe ich ihr das Geld, das sie bei sich trug, weggenommen, in der Küche etwas gegessen und anschließend das Haus nach ihren Sparbüchern durchsucht«, so der 21-jährige Ex-Zeitsoldat, der auch während der Rekonstruktion so gut wie keine Emotionen, geschweige denn Reue zeigte.

Nach dem Lokalaugenschein, der in allen Phasen gefilmt wurde, musste der Täter zurück in die Einzelzelle des Kreisgerichtes Wiener Neustadt.

Im Dezember 1992 fand der Prozess im Fall der von ihrem Enkel getöteten Auguste H. statt, bei dem sich Thomas K. vor einem Geschworenengericht unter dem Vorsitz von Dr. Gerhard A. in Wiener Neustadt wegen Raubmordes zu verantworten hatte. Nach der Anklage des Staatsanwalts Dr. Peter R. gab der 21-Jährige nur den Mord zu, nicht aber den Raub. Als der Vorsitzende dem jungen Mann das seinerzeitige volle Geständnis vorhielt, erlitt dieser einen Schwächeanfall.

»Haltet's ihn, haltet's ihn«, rief der Vorsitzende, woraufhin die zwei Beamten, die Thomas K. flankierten, beherzt zugriffen. Sie konnten ihn noch rechtzeitig auffangen und legten ihn anschließend auf die Bank. Der Psychiater Pius P. kümmerte sich um den kreislaufschwachen Großmuttermörder, und die Verhandlung wurde unterbrochen. Obwohl eine ärztliche Untersuchung die Verhandlungsfähigkeit von Thomas K. ergab, wurde der Prozess auf unbestimmte Zeit vertagt, da der Angeklagte angab, er sei nicht in der Lage, den Vorgängen im Gerichtssaal zu folgen.

Im weiteren Verlauf kamen noch weitere Details aus dem Leben des Mörders ans Tageslicht.

Thomas K. war gelernter Maurer. Er arbeitete sechs Monate als Geselle, gewann dann im Spielcasino rund 100.000 Schilling, gab seine Stelle auf und lebte ein halbes Jahr bis zum Beginn des Präsenzdienstes im Juli 1990 von dem Gewinn. Im Jänner 1991 trat er den Dienst als Zeitsoldat an, setzte sich jedoch schon im März »aus persönlichen Gründen«, nämlich wegen Schulden und unglücklicher Liebe, nach München ab. Dort zog er sich einen schweren Beinbruch zu und musste einige Monate auf Krücken gehen. Er kehrte nach Baden zurück und blieb bis 31. Dezember Zeitsoldat, ohne jedoch den aktiven Dienst wieder aufzunehmen. Anschließend konnte er die Disziplinarstrafe nicht bezahlen und fürchtete sich vor der Festnahme durch die Militärstreife. Seine Großmutter dachte zu jenem Zeitpunkt, er wäre aus der Stadt verschwunden.

Der junge Mann rechtfertigte seine Tat vor Gericht unter anderem mit den Worten, er wäre sich selbst gegenüber immer gleichgültiger geworden und generell abgestumpft. Er hätte ein Ventil für seinen Frust gebraucht, »und das war in diesem Fall halt leider die Oma«.

Die Justizbeamten fanden laut eigener Aussage kaum Zugang zur Persönlichkeit des Angeklagten, der eine völlig emotionslose, oft formelhafte Sprache verwendete. Er beklagte sich darüber, dass ihm bisher von Familie, Freunden und dem geliebten Mädchen die nötige Zuwendung versagt geblieben war: »Mir ist immer die

Zusammengehörigkeit abgegangen« und »Ich habe in meinem ganzen Leben noch keinen Menschen gehabt«.

Der Staatsanwalt bezeichnete den jungen Mann als »psychopathische, zur Kriminalität neigende, stark abartige Persönlichkeit«, zum Zeitpunkt der Tat war er laut psychiatrischem Gutachten zurechnungsfähig. Für den Fall der Verurteilung wurde die Einweisung in eine Anstalt für geistig abnorme Rechtsbrecher beantragt.

Mitte Dezember befanden die Geschworenen Thomas K. des Mordes und schweren Raubes einstimmig für schuldig. Das Urteil lautete: 20 Jahre Haft und Einweisung in die Anstalt.

ADD-ON: DIE KINDESMÖRDERIN – EINE HINRICHTUNG ZU BADEN

Artikel in der »Badener Zeitung« (Ausgabe vom 31. August 1932) von Charlotte Weiß, in Erinnerung an Hellena Schrietin, die im Jahr 1686 als Kindesmörderin verurteilt und am Galgen außerhalb der Stadt hingerichtet wurde.

In Ried und Rain die Heckenröslein waren so rot wie das Herzblut verratener Treu. Johanniswürmlein glommen in der blauen Juninacht, die Grillen geigten wie toll vor Lust und Leichtsinn, Myriaden Eintagsfliegen tanzten ahnungslos in ihren Liebestod hinein, Paar um Paar.

Aber in den feuchten Kerker [im Rathaus; Anm.] *drang kein Klang, kein Dufthauch vom unendlichen Freudentaumel der Schöpfung. Auf modrigem Stroh lag angekettet die blutjunge Landstörzerin Hellena Schrietin, so laut Protokoll am 5. Junius a. D. 1686 in Verwahrung genommen worden und morgen, am 10. dieses Mondes, vor dem Landgericht zu Baden peinlich examiniert werden sollte.*

War noch immer ein schönes Kind, obwohl ihre Wangen blaß und verhärmt waren und in den großen braunen Augen die Todesangst eines gefangenen Tieres war. Stunde um Stunde wach liegend, starrte Hellena zum Fenstergitter empor. Oben hing der Mond so golden wie damals, dort in ihrer Vaterstadt, als sie der junge Fant [von italienisch »fante«, Bursche, junger Mann mit noch wenig Erfahrung; Anm.] *mit dem Federhut und dem kecken Kinnbärtchen so wild und lange geküßt. Das war der erste Kuß gewesen, da sie abends den Krug am Brunnen gefüllt und eine alte Weise dazu gesungen. Und dann all die gestohlenen Stunden im Schatten der Hauslauben, sein Winkel, Locken und Schleichen vor ihrem Kammerfensterlein, der Abschied vor dem Tore. Er kehrte nie wieder.*

Ihren Kranz hatte sie verloren, und das Schandkränzlein bescherte ihr die Buben. Ihr Vater, der ehrenfeste Landwerksmann, prügelte sie schier zu Tode. Da entfloh sie. Irrte als Bettelmensch unter fahrendem Gesindel umher. In einer Waldschlucht bei Baden kam sie mit einem Knaben nieder.

Warum Hellena das wimmernde Würmlein liegen ließ und sich ziellos weiter schleppte? Wie es kam, daß es sie nach Tagen zu der kleinen Leiche zurücktrieb und sie das grauenhafte verwesende Bündel mit sich trug, bis sie am Wiener Tor zu Baden die Stadtknechte griffen? Sie wußte es nicht, wußte nichts mehr. Es war so irre und dumpf in ihr geworden.

Schon wichen die Schatten und Gespenster der schlaflosen Nacht. Von den Türmen läuteten sie zur Frühmette, zur ersten, zweiten, dritten Messe. Das Türkengeläute zum Andenken an die Türkengefahr 1683 ertönte. Nun dröhnten neun Glockenschläge, ernst und schwer, und dann, da es eben ein Freitag, das »Läuten zur Angst Christi«. Wie ein Bote des jüngsten Gerichtes schien Hellena der Schließer mit seiner Hellebarde. Er führte die leicht Wankende in den Saal, wo in Amtstracht mit mühlradförmigen, brettsteifen Halskrausen die judices saßen. Der gestrenge Herr Stadtrichter Stainer thronte inmitten des ehr- und lobesamben »Innern Raths« [die Herren Männy, Büchner und Stremmel; Anm.] hinter dem Tisch mit Kreuz und flackernden Kerzen. Auch die »assesores des Außern Raths« [die Herren Antinger, Creutzberger, Herzog, Kormann, Küeffner, Retting, Schampany, Schwann und Wintzig; Anm.] fehlten nicht. Viele wischten mit dem Ärmel den Schweiß von der Stirne unter der schweren Perücke; denn es war drückend schwül trotz der dicken Mauern.

Die Schrietin Hellena starrte stumm ins Leere wie bei den früheren Verhören. Immer mit derselben hilfesuchenden Angst in den braunen Tieraugen. Weil sie bis heute nicht bekannt, wurden ihr die Instrumente zur peinlichen Frage gewiesen, Hellena schrie auf und schlug die Hände vors Gesicht, wie sie die blutbefleckten Staupbesen [Schlaginstrument, in das mitunter scharfkantige Metallsplitter oder Steine eingearbeitet waren; Anm.], Haken und Zangen sah.

Da bemerkte der Beisasse Doktor Hörmann: »Besagtes Bettelmensch, so ein Kind vertan, ist, wie ich schon früher meinte, nit zu torquieren bis mehrere Indicia vorkommen.«

Sie waren nicht einverstanden, fanden, daß Indicia genug da wären. Ein Diener gab an, etwas wie Würgespuren am Halse der verwesenden Kindesleiche erblickt zu haben.

Endlich entschloß man sich zur üblichen Examinierung. Auf der Folter gestand die Schrietin Hellena, zwei Kinder erdrosselt, ein drittes gar bei Wien im Donaustrome ertränkt zu haben. Dann verlor sie die Besinnung.

Nachdem die Malefikantin wieder in Gewahrsam gegeben worden war, schickte der gestrenge Herr Stadtrichter den Ratsschreiber mit dem Akt nach Wien zwecks Information der Hochlöblichen, Niederösterreichischen Regierung, bei welcher auch um Ratifikation des auf Grund der Aussage der Malefikantin gefällten Spruches eingereicht werden mußte. Darüber verstrichen etliche Wochen.

Ein schweres Fegefeuer waren diese Wochen für Hellena. Ungewißheit, furchtbares Schweben zwischen Hoffnung und Verzweiflung. Und wußte doch selber nicht, was sie in ihrem Loch, da außerhalb nichts als die Landstraße wartete, noch an diesem erbärmlichen Leben hängen ließ. Vielleicht ihre Jugend, die sich aufbäumte. Vielleicht beginnender Wahn, der nichts mehr klar erfassen konnte.

Eine Gänsefeder glitt über Papier: »Kraft ratification ward das von Einem Ehrsamen Rath geschöpfte Uhrtl geschärfft.«

Darauf tat der Innere Rat der Verfügung Genüge, derzufolge »2-3 täg vor jedwelcher execution zu Baden bei Wien die Herrschaft Rauhenstein dessen sollte erinnert werden.« Der Tag der Hinrichtung war der 19. Julius a. D. 1686.

Hellena lag mit geschlossenen Augen im Stroh. Da beugte sich der Buhle [um die Gunst einer Frau Werbender; Anm.] über sie. War er denn nicht treulos gewesen? Ach nein, das Elend war nur ein böser Traumspuk. Der Liebste gab ihr einen goldenen Ring. Er holte sie in sein Würzgärtlein, mit ihr zu spielen und zu scherzen. Und ließ sie nimmer, nimmer. Woher fiel der holde, helle Schein im Raum? Da! Die Türe flog weit auf.

Des Freymanns Knechte kamen sie zur Richtstatt oberhalb des Ziegelofens zu führen.

Viel müßiges Volk rannt mit vor das Stadttor. Gassenbuben erkletterten, Obst essend und Kerne seelenvergnügt im Bogen von sich spuckend, ein nahes Mäuerlein, um das Spektakel nur ja zu sehen, wurden jedoch von den Partisanen der Büttel verjagt. Die alten Klatschbasen aber drängten noch ärger als die Buben.

Seit genau hundert Jahren war in Baden keine Kindesmörderin hingerichtet worden. 1586 war eine zu »Sack und Wasser« verurteilt worden. Damals hatte der seit 1578 das Herzogbad in Bestand habende Oswald Stainer, ein Vorfahr des Stadtrichters, sich geweigert, sie in dieser Badstuben ertränken zu lassen, was eine Beschwerde des Stadtrates an die Landesregierung Niederösterreich zur Folge gehabt hatte.

Kläglich wimmerte das Armsünderglöcklein. Die Delinquentin schluchzte ihr letztes Gebet hervor. Ihre langen, schweren Zöpfe waren schon abgeschnitten. Ein leichter Wind erhob sich und wehte spärliche Haarsträhne in die ihrer Krone beraubte Stirn. »Zum abschreckenden Exempel«, dem Hauptzweck damaliger Justiz, die ausschließlich auf dem düsteren Vergeltungsprinzip »Aug um Aug, Zahn um Zahn« fußte, schlug der Freymann Hellena Schrietin die rechte Hand ab. Dann fiel ihr Kopf unter dem Richtschwerte.

Abschrift eines Original-Protokolls, in dem der Name der Mörderin anders geschrieben steht:

6. 6. 1686 »ist das im Rathaus in Haft liegende Weibsbild nahmens Helena Schritt wegen ihres gehabten schwangeren Leibs, welchen sie verloren, zum erstenmal examiniert worden, hat aber nichts bekennen wollen.«

»Den 11. Juni ist besagtes zum andermal verhört worden, und wieder nichts bekannen wollen.«

12. 6. 1686 »Weillen das verhafte Weibsbild, über zweimaligen Exammen nicht bekennen wolte, ist veranlaßt, das dieselbe peinlich exammniert und der Freimann dazu gebraucht werden.«

17. 6. 1686 »Hr Alluny schreibt, das Hr. Dr. Hörman einrathen, man solle wegen des verarrestierten Weib, mit dem peinlichen Exammen innenhalten.«

28. 6. 1686 »Die Helena Schrittin ist an Heut durch den Freiman von Wien torquirt worden, hat bekannt, das sie zwei Kinder umgebracht, dahero zum Urtheil und Recht erkannt worden, das sie nach geschehener heiliger Beicht und Communion, mit dem Schwert vom Leben zum Tod hingericht werden solle.«

4. 7. 1686 »Die gefangene Helena Schrittin, welche nach den peinlichen Aussag zur dem Schwert contemniert worden, hat heut Alles das Jenige was sie damallen ausgesagt, mit Ja bekannt, solle demnach dieses Urtheil der n.ö. Regierung zur Ratification eingereicht werden.«

17. 7. 1686 »Weillen die n.ö. Regierung das bei einen Ehr. Rath geschöpfte Urtheil reformirt, und anbefohlen, das die Helena Schrittin, auf die gewöhnliche Richtstätte geführt, und durch den Freiman nicht allein entthaupt, sondern auch zugleich die Hand abgeschlagen werde solle. Als ist heut derselben durch den Herrn Khüestner das Leben abgesagt worden, welches Urtheil nachkommenden Freitag vollzogen werden solle.«

19. 7. 1686 »ist der Helena Schrittin durch den Freiman von Wien, vermög des von der n.ö. Regierung ergangenen Urtheil um ihrer begangenen Missethat willen der Kopf und die rechte Hand abgehaut worden.«

Bildnachweis

S. 12, S. 28, S. 32, S. 74, S. 76, S. 88, S. 94, S. 122, S. 128, S. 154, S. 172, S. 188:
© Gabriele Hasmann / Alexander Blümel

S. 36: Bild oben: Bettina Nezval, »Villen der Kaiserzeit«, © Verlag Ferdinand
Berger & Söhne (Wien, 2008), Bild unten: © eigenes Foto

S. 42: © Universität Wien, Institut für Kunstgeschichte

S. 44: © AK Privatsammlung Walter Graf

S. 46: Bild oben: © »Illustrierte Kronen Zeitung«, Nr. 2741, S. 7, 18. 08. 1907,
Bild unten: Katalogblätter Nr. 64, Rollettmuseum Baden, Seite 38

S. 50: Bild oben: © »Illustrierte Kronen Zeitung«, Nr. 2958, S. 3, 24. 3. 1908,
Bild unten: »Illustrierte Kronen Zeitung«, Nr. 2959, S. 4, 25. 3. 1908

S. 68: © »Das Interessante Blatt«, XXV. Jahrgang, Nr. 17, S. 3, 26. 04. 1906

S. 80: © AK Privatsammlung Walter Graf

S. 100: ©»Illustrierte Kronen Zeitung«, Nr. 2311, S. 6, 08. 06. 1906

S. 106: Bild oben: © eigenes Foto, Bild unten: »Die Großmacht in der
Kleinstadt«, Alexander Blümel, © Kral Verlag (Berndorf, 2018)

S. 112: © AK Privatsammlung Walter Graf

S. 130: Bild oben: © »Badener Volksblatt«, 08. 08. 1931,
Bild unten: © »Illustrierte Kronen Zeitung«, Nr. 11328, S 6, 05. 08. 1931

S. 140: Bild oben: © Baden GeoInformation – ms.GIS, Bild unten: © Festschrift »1938–1947 10 Jahre Freiw. Feuerwehr der Stadt Baden«

S. 142: © Festschrift »1938–1947 10 Jahre Freiw. Feuerwehr der Stadt Baden«, S. 50

S. 144: © Festschrift »1938–1947 10 Jahre Freiw. Feuerwehr der Stadt Baden«, S. 70

S. 160: Bild oben: © eigenes Foto, Bild unten: © NÖ Landesmuseum Künstlerkartei Erich P.

S. 162, S. 164, S. 168: © NÖ Landesmuseum Künstlerkartei Erich P.

S. 184: Bild oben: © eigenes Foto, Bild unten: © Badener Zeitung, Nr. 47, S. 5,
22. 11. 1984

Index

Quellen

APA – Austria Presse Agentur
Archiv Badener Zeitung
Stadtarchiv Baden
Wikipedia.com
Zeitungsarchiv der Nationalbibliothek
»10 Jahre Freiw. Feuerwehr der Stadt Baden von 1938 bis 1947«, erschienen im Mai 1949 (Druckerei Philipp im Auftrag der Feuerwehrleitung)
Nezval, Bettina: »Villen in der Kaiserzeit – Sommerresidenzen in Baden«, Verlag Ferdinand Berger & Söhne, Wien 2008
Wallner, Viktor: »Kaiser, Kuren und Kommandos – Baden von 1804 bis 1918«, Gesellschaft der Freunde Badens, Baden 1999
Wehner, Alexandra: »Mörder unter uns – Ungeklärte Verbrechen in Österreich«, Verlag Ueberreuter, Wien 2007

Danksagungen

Stadtarchiv Baden – für das Zurverfügungstellen von Recherchematerial
Touristinfo Baden – für den aktuellen Stadtplan
Franz Theuer, Sabina Fasching und Ferdinand Hirschhofer – für die Auskunft zu einem Fall
Paul Lehner – für die Einsicht in einen historischen Stadtplan
Walter Graf – für einen wertvollen Tipp und diverses Bildmaterial
Christine Triebnig-Löffler – für ihr Allwissen und ihre Hilfsbereitschaft
Dr. Gertrud Maurer – für ihren Beitrag zum Biedermann-Mord
Antonia Brückner, Rudi Wandl und Hannes Stiastny – für ihre Recherchehilfe
Stadtpfarre St. Stephan – für ein wichtiges Detail zu einem Fall
Ernst Bieber (ehemals Kurier) & **Katharina Johannides** (Badener Zeitung) – für die Übersendung von Artikeln zu zwei Fällen
Günther Schützl – für den Hinweis auf zwei Fälle
Wolfgang Krug – für die Übersendung von Recherchematerial

Autoren

Gabriele Hasmann wurde 1968 in Wien geboren und lebt seit 1969 in Baden. Sie studierte Germanistik und Philosophie, arbeitete dann als Kolumnistin, Lokal- und Kultur-Redakteurin bei der Badener Szene-Zeitung »Extrablatt« und der Badener Rundschau, bei »Extra-dienst« (Mucha-Verlag) und beim Kurier in Wien, war Radio-Nachrichten-Redakteurin und -Sprecherin, Kultur- und Lokal-Reporterin sowie CvD bei den Privat-Radio-Sendern 93,4–Die Musikwelle in Traiskirchen und 92,9 RTL-Wien sowie TV-Redakteurin und Producerin bei ATV und ORF (Talk-TV). Seit 2010 ist Gabriele Hasmann ausschließlich schriftstellerisch tätig, hält Seminare für Autoren und individuelle Schreibcoachings und veranstaltet Spukführungen und »Mystery Dinner«.

Alexander Blümel absolvierte nach dem Besuch des Badener Gymnasiums Frauengasse eine kaufmännische Ausbildung. Danach war er über 20 Jahre als leitender Projektmanager international tätig. Mittlerweile auch im Kulturmanagement und Marketing aktiv, bilden vor allem Geschichte und Kunstgeschichte seine großen Lei-denschaften. Die Liebe zu seiner Heimatstadt Baden und deren Bedeutung im historischen Kontext waren und sind Antriebskraft für die umfassende Recherche- und Forschungsarbeit in diesem Bereich. In diesem Zusammenhang ist auch seine Funktion als Obmann des Badener Kaiser Franz Josef-Museums zu sehen, das sich vor allem der Dar-stellung der Lokalhistorie widmet.

Impressum

Kral-Verlag, Kral GmbH
J.-F.-Kennedy-Platz 2, 2560 Berndorf, www.kral-verlag.at

Für den Inhalt verantwortlich:
Gabriele Hasmann / Alexander Blümel

Umschlag- und grafische Innengestaltung:
Kathi Zenger, www.designkostprobe.at

ISBN 978-3-99024-948-2
Copyright © 2021 by Kral-Verlag, Kral GmbH

Printed in EU

Besuchen Sie uns im Internet:
www.kral-verlag.at oder auf www.facebook.com/KralverlagBerndorf
Der vorliegende Buchinhalt wurde sorgfältig erwogen und geprüft und beruht auf gründlicher Recherche und eigenen Erfahrungen der mitwirkenden Personen. Dennoch kann vonseiten des Verlags keine Garantie übernommen werden.

Mit freundlicher Unterstützung von *Baden* bei Wien

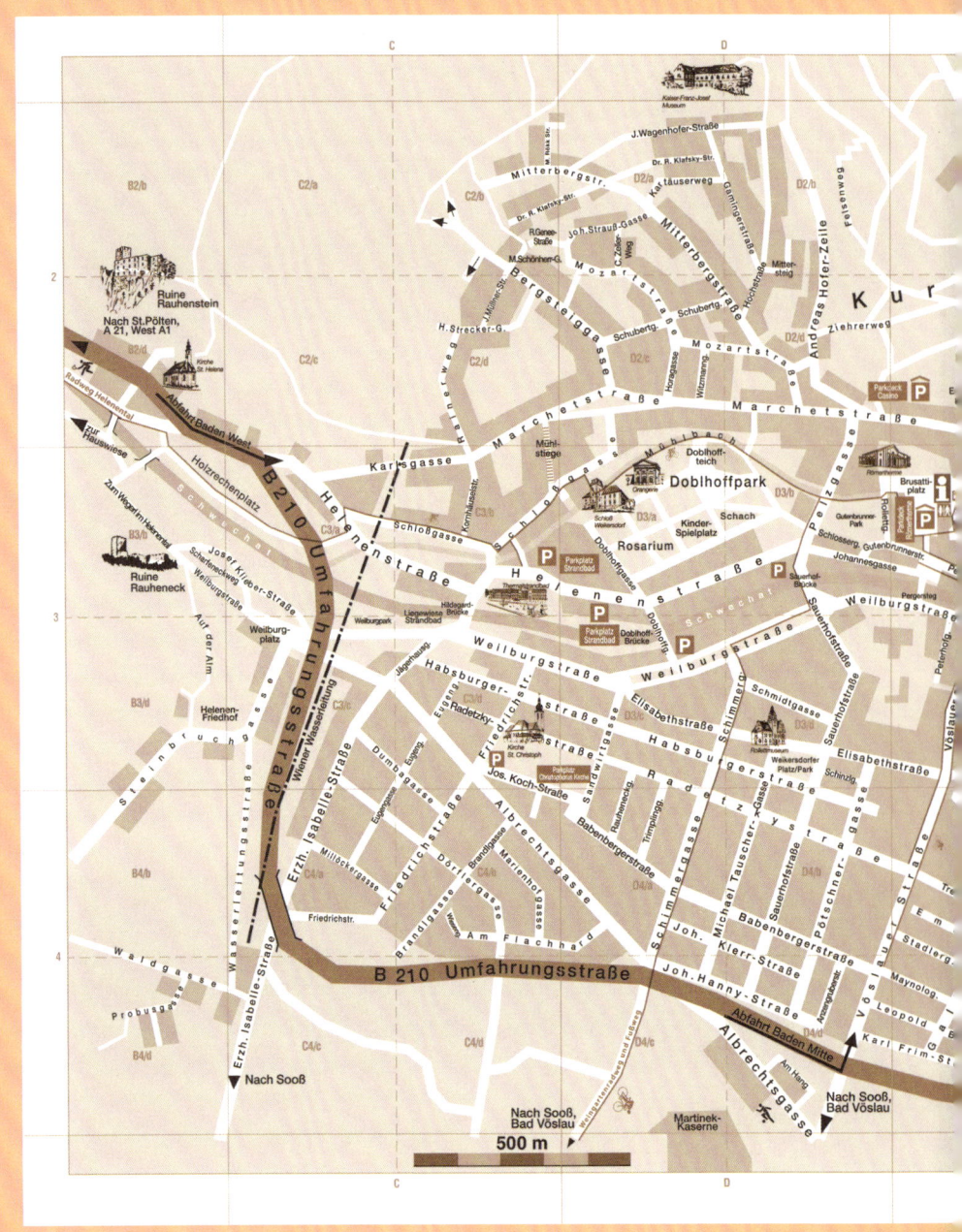